PENSAMIENTOS PRECIOSOS: DESCUBRIENDO A JESÚS Y TU IDENTIDAD

PENSAMIENTOS PRECIOSOS: DESCUBRIENDO A JESÚS Y TU IDENTIDAD

UN DEVOCIONAL DE 30 DÍAS

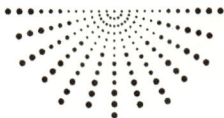

DANIEL FAVRETTI

Embrace
••• BOOKS •••

¡Qué preciosos son tus pensamientos acerca de mí,
oh Dios!
¡No se pueden enumerar!
Ni siquiera puedo contarlos;
¡suman más que los granos de arena!

— SALMO 139:17–18

ÍNDICE

PARTE II
Descubriendo tu Identidad

A Sarah. Gracias por recordarme siempre la verdad.

PRÓLOGO

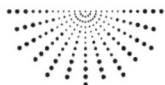

¿RECUERDAS el momento en que hiciste un amigo para toda la vida? Cuando te diste cuenta de que esta persona "simplemente te entendía". Hubo una conexión instantánea y una empatía profunda. Esa amistad floreció a través de conversaciones, revelaciones personales, experiencias compartidas y la honestidad sobre fracasos y desafíos. A medida que la amistad se desarrolló, aprendiste a confiar profundamente el uno en el otro, poniendo tu vida en sus manos y recibiendo la suya en las tuyas. La relación se construyó sobre la apertura, la transparencia, la admiración mutua y el amor. Qué maravillosa y duradera colaboración son estas amistades. Daniel Favretti es uno de esos hombres.

Este libro trata sobre el tema y la verdad más central para la humanidad: descubrir el amor de Jesús y nuestra identidad en él. Se trata de aprender, día a día y a lo largo de nuestras vidas, cuánto nos ama y nos valora Dios. Por lo tanto, se podría decir que el propósito de este libro es acercar a los lectores a un caminar más íntimo con Dios. Porque él ama a quienes creó y tiene planes de bien para ellos (Jeremías 29:11).

Muchos cristianos dicen que no escuchan la voz de Dios. Después de todo, no es como un trueno retumbante; más bien, habla con una voz tranquila y apacible, a menudo a través de otros. En este libro único, Daniel muestra cómo Dios le ha hablado, las acciones que ha tomado a partir de las instrucciones de Dios y los resultados que estas acciones han producido en su vida. Al compartir su aprecio por Dios, la esperanza es acercar a otros a nuestro Creador.

Te invito a acercarte a este libro con un corazón abierto, permitiendo que las experiencias de Daniel toquen las tuyas, brindándote alimento, amor y fervor para el alma humana. Que su camino te lleve a una conexión más profunda con Jesús y a un sentido más claro de su presencia en tu vida.

Se dice que vivimos la vida hacia adelante pero le damos sentido al mirar hacia atrás. Esto es muy cierto cuando pensamos en la evidencia y las huellas de Dios en nuestras vidas. Este libro se formuló a través de la experiencia de abrazar plenamente las dificultades de vivir en este planeta y guía al lector hacia el lado positivo de la vida. Es decir, Jesús camina con nosotros a través de nuestras dificultades y valles en la vida, ayudándonos a crecer y a transmitir algo aún más significativo a la próxima generación.

La historia bíblica del niño poseído por un espíritu impuro en Marcos 9 es tan relevante para nuestros días modernos, y hacemos eco de los sentimientos de su padre del primer siglo: "Creo; ¡ayúdame a superar mi incredulidad!" Dios siempre camina con nosotros a través de la incredulidad, la lucha, el fracaso y el pecado para que podamos emerger con una fe más fuerte que antes. Como nos dice San Pablo en Romanos 8:28: "Todas las cosas ayudan a bien a los que son llamados conforme a su propósito". Esto no significa que el camino siempre será fácil. De hecho, Jesús nos prometió pruebas y tribulaciones en esta vida. Pero esta promesa viene con una certeza sólida como una roca de Juan 16:33: "No teman, porque yo he vencido al mundo".

PRÓLOGO

Este libro está estructurado en 15 días sobre quién es Jesús y 15 días sobre quién es el lector. Esto se hace para dar a los lectores una idea del viaje que están a punto de emprender. Es un reflejo del caminar de Jesús con los discípulos: enseñó, cuidó, a veces reprendió, mostró misericordia y comprensión – pero siempre con amor, durante un período de tres años. Es el viaje, la lucha por crecer en comprensión, la frustración de no alcanzar el objetivo, los momentos de iluminación y finalmente las cimas de las montañas lo que caracteriza este libro.

Recomiendo este libro de todo corazón como una fuente de inspiración, consuelo, revelación y paz.

David Watkins

Consejero, Entrenador y Supervisor.

PREFACIO

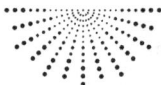

Algunas de las mentes más brillantes del mundo estiman que hay aproximadamente siete quintillones y cinco cuatrillones de granos de arena en todas las playas del mundo. En forma numérica, eso es 7,500,000,000,000,000,000 granos de arena. Tal vez el rey David no tenía ese número en mente cuando escribió el Salmo 139, pero la verdad sigue siendo la misma: los pensamientos de Jesús para sus hijos son innumerables. Y aunque podamos estimar la cantidad de arena en una playa, nada se compara con experimentar realmente lo que la playa tiene para ofrecer. Lo mismo ocurre con los pensamientos de Jesús acerca de nosotros. No están destinados a ser contados, sino a ser experimentados.

Tristemente, muchos de nosotros caminamos por la vida sin darnos cuenta de cómo Jesús realmente nos ve, y como resultado, nos perdemos la oportunidad de descubrir plenamente quiénes somos en él. C.S. Lewis lo expresó mejor cuando nos describió como "un niño ignorante que quiere seguir haciendo pastelitos de barro en un barrio pobre porque no puede imaginar lo que significa la oferta de unas vacaciones junto al mar. Estamos demasiado fácilmente satisfechos."[1] Si pudiéramos

4

comprender verdaderamente los pensamientos de Jesús acerca de nosotros, experimentaríamos el gozo y la vida abundante que él promete.

Hace algunos años, Jesús me desafió en un momento de quietud. Me dijo: "Quiero que trates todos mis pensamientos sobre ti como algo precioso. Son las posesiones más valiosas que tienes en esta vida". Pensé en todas las cosas que aprecio: mi esposa, mi hijo, mis perros (que son buenos chicos) y mi gorra favorita. Entonces me di cuenta de que los pensamientos de Jesús debían ocupar el primer lugar en esa lista. Sus pensamientos sobre mí y mi identidad en él deberían ser la base sobre la cual todo lo demás descansa.

El viaje de descubrir a Jesús y mi identidad en él me ha transformado. Al comprender sus pensamientos sobre mí, también he llegado a conocerlo más profundamente. Ha ocurrido un hermoso intercambio, donde mis pensamientos sobre él se han vuelto tan preciosos como sus pensamientos sobre mí.

Este libro, *Pensamientos Preciosos: Descubriendo a Jesús y Tu Identidad*, es el desbordamiento de ese viaje – tiempo pasado con Jesús en la Palabra, escuchando su voz y reflexionando sobre sus pensamientos. Mi oración es que, a través de estas palabras, tú también descubras el corazón de Jesús y experimentes la plenitud de tu identidad en él.

Daniel Favretti (Favs)

Sydney, Australia.

INTRODUCCIÓN

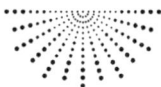

MI HISTORIA

Si me hubieran dicho hace catorce años que sería un seguidor de Jesús y que estaría escribiendo un libro sobre él, me habría reído – y probablemente habría pensado que estaban locos. Me atrevería a decir que las personas más cercanas a mí también se habrían reído. Sin embargo, aquí estamos.

Al crecer, creía en "Dios", pero quienquiera que fuera, parecía distante, y una relación personal se sentía imposible. Pensaba que mientras intentara ser una "buena persona," eso sería suficiente para mantenerlo feliz y permanecer en su lado bueno. Pero no importaba lo que hiciera, seguía sintiéndome desconectado, preguntándome si había algo más en conocerlo que simplemente intentar ser bueno.

Durante mi adolescencia, asistí a una gran escuela anglicana y tuve maestros increíbles, pero el cristianismo me parecía extraño. Esto se confirmó cuando me convencieron de ir a un estudio bíblico en grupo. El maestro estaba en el libro de Apocalipsis hablando sobre un dragón – eso me pareció muy raro – así que no volví. Más tarde, uno de mis compañeros me regaló una pulsera WWJD (¿Qué haría Jesús?). Fue un gesto amable, pero, de nuevo, estaba confundido. ¿Qué haría Jesús? Probablemente no usar esa pulsera, ¡eso seguro!

Sin embargo, durante los últimos meses de la escuela y en los años que siguieron, comencé a sentir un profundo anhelo de conocer a Dios. A pesar de tener grandes amigos, buenas calificaciones y mi futuro planeado, algo faltaba. Empecé a hacerme preguntas como, ¿cómo puedo saber que Dios es real? y, ¿Dios me conoce? Estos pensamientos estaban impulsados por un vacío interior que no podía ignorar. Intenté llenar el vacío con fiestas, viajes y un sinfín de otras distracciones, pero nada funcionó. Como escribió uno de mis autores favoritos, Brennan Manning: "Estaba buscando amor en los brazos equivocados y felicidad en los lugares equivocados."[1]

Afortunadamente, mi mejor amiga Bec comenzó a hablarme de Jesús. Me dijo que Jesús vino a revelar al único Dios verdadero y que, a través de él, podía tener una relación real con Dios. Pero lo que más me sorprendió fue cuando dijo: "Favs, Jesús no solo te conoce – te ama muchísimo." Eso me confundió – ¿me ama? Bec incluso oró por mí, y me encontré llorando. No podía explicarlo, pero algo estaba sucediendo dentro de mí.

Tiempo después, mientras conducía un tractor en la granja de mi familia, miré hacia el cielo y susurré: "Estoy volviendo a casa." No sabía por qué lo dije ni a quién me dirigía, pero en el fondo sentía que alguien más allá de mí mismo me estaba llamando a acercarme.

Aproximadamente una semana después de ese momento en el tractor, Bec me invitó a la iglesia. El predicador habló sobre cómo las personas usan la cruz sin realmente conocer a quien murió en ella ni lo que significa. Mi corazón comenzó a latir con fuerza, ya que había llevado una cruz de oro toda mi vida, un símbolo de mi herencia italiana. Sentí el peso de lo que me había perdido, y el vacío tuvo sentido. Traté de disimular con bromas hacia Bec, pero ya no podía ignorarlo. En ese momento, me di cuenta de que Dios era real y de que Jesús me había estado buscando. Él me conocía, me amaba y murió por mí. El predicador terminó su mensaje con una invitación para entregar tu vida a Jesús, y lo hice. Era el 6 de mayo de 2011, y salí de esa iglesia siendo un hombre cambiado.

Pero la vida no se volvió perfecta de repente. Sabía que Dios me amaba, pero aún luchaba con la ansiedad, la culpa y la vergüenza de mi pasado. Me sentía incomprendido por mi familia y amigos, y mis intentos excesivamente entusiastas de convencerlos de que Jesús era real no ayudaron. Si tuviera que resumirlo en una palabra, estaba esforzándome – esforzándome por ser amado, aceptado y lo suficientemente bueno. Y era agotador.

A pesar de esto, me uní a una Escuela de Entrenamiento de Discipulado (DTS) con YWAM en Kona, Hawái. No sabía qué esperar, pero anhelaba profundizar con Jesús y experimentar la libertad que él promete. Fue durante este tiempo que Jesús comenzó a hacerme una cirugía en el corazón. Una noche, mientras leía, lo escuché preguntarme: *Daniel, si estuvieras frente a ti mismo, ¿podrías abrazarte?* Me quedé sin palabras. No podía responder a esa simple pregunta. Había vivido con desprecio hacia mí mismo durante tanto tiempo. Después de dos días de lágrimas, abrumado por el peso de todo, Jesús habló nuevamente: *Es hora de que empieces a amarte a ti mismo.*

Esa experiencia fue solo el comienzo. Después de YWAM, asistí al seminario bíblico y comencé dos años de terapia con Dave, un psicoterapeuta cristiano. Fue a través de estas sesiones que me introdujeron al concepto de "creencias fundamentales" (ver la siguiente sección). Dave me ayudó a entender cuán profundamente nuestras creencias moldean nuestras vidas y el poder que tanto la verdad como las mentiras tienen. Siempre estaré agradecido con Dios por haber traído a Dave a mi vida, ya que su guía fue esencial para mi sanidad y transformación.

Desde el seminario bíblico, he regresado a enseñar en la escuela secundaria, una vocación que amo (la mayoría de los días). Enseño Historia Antigua y Estudios Bíblicos, y estoy bendecido con una hermosa esposa y familia. Cada día me esfuerzo por vivir en la verdad de quién es Jesús y confiar en lo que él dice que soy. Este es el viaje continuo de la fe – un proceso que todos debemos recorrer, un paso a la vez.

POR QUÉ ESCRIBÍ ESTE LIBRO

El punto de inflexión en mi viaje llegó cuando comencé a descubrir las creencias fundamentales falsas que me habían mantenido esforzándome – creencias sobre no ser lo suficientemente bueno, no ser digno de amor y tener que actuar para ganar la aprobación de Dios. Fue en la terapia donde me di cuenta de cuán profundamente estas creencias habían moldeado mi relación con Dios, con los demás y conmigo mismo. Este libro nació de mi deseo de compartir ese viaje de sanación, ayudando a otros a reemplazar las mentiras con la verdad sobre quién es Jesús y quiénes son realmente en él.

Las creencias fundamentales son "la esencia misma de cómo nos vemos a nosotros mismos, a los demás, al mundo y al futuro."[2] Actúan como el software fundamental de nuestras vidas, moldeando profundamente nuestro sentido de valor, nuestra identidad y la manera en que vivimos. En pocas palabras, son las creencias profundamente arraigadas que guían nuestros pensamientos, sentimientos y comportamientos – generalmente sin que siquiera nos demos cuenta.

A menudo, estas creencias fundamentales giran en torno a temas como la capacidad de ser amado ("no soy digno de ser amado"), la suficiencia ("no soy lo suficientemente bueno") o la agencia ("estoy atrapado"). Generalmente se forman en la infancia, moldeadas por nuestras relaciones y experiencias.[3] Lamentablemente, pueden volverse rígidas y profundamente arraigadas.[4] Durante gran parte de mi vida, creí la mentira de que "no era lo suficientemente bueno." Esta creencia me llevó a complacer a los demás, alimentó mi ansiedad y me impulsó a esforzarme constantemente para ganarme el amor de Dios, dejándome agotado.

Estas creencias falsas están arraigadas en el engaño – la obra del enemigo, que es Satanás. La Biblia lo describe como el padre de la mentira, utilizando el engaño para distorsionar nuestra visión de Dios, de nosotros mismos y del mundo. Ha estado haciendo esto desde el principio, con el objetivo de mantener a la humanidad atrapada en una visión distorsionada de la realidad.[5]

Con la ayuda de la terapia y del Espíritu Santo, emprendí un viaje para reemplazar las mentiras fundamentales con verdades fundamentales de la Palabra de Dios – verdades sobre quién es él y quién soy realmente en él. Hubo días en que el proceso se sintió abrumador, y a veces fue profundamente doloroso. Pero gradualmente, a medida que estas verdades comenzaron a remodelar mis creencias fundamentales, los pesados fardos de la ansiedad, la culpa y la vergüenza empezaron a desaparecer. No ocurrió de la noche a la mañana, pero verdad tras verdad, estaba aprendiendo a vivir como la persona que Jesús siempre dijo que era. Cuando Jesús dijo: "la verdad los hará libres," no se equivocó.[6] Finalmente estaba experimentando esa libertad.

Sin embargo, las creencias fundamentales no son solo hechos que memorizamos; están destinadas a vivirse en relación con el Dios que las habla a nuestras vidas. Como escribe David Tackle: "La verdad proposicional... simplemente no es suficiente por sí misma para realizar la obra de transformación."[7] Escuchar la verdad no es suficiente. La verdad debe internalizarse: comienza en la mente, pero debe florecer en el corazón.

Piensa en esto de esta manera: los pensamientos de Dios sobre nosotros son como el armazón de una casa. Vivir esos pensamientos es lo que transforma la casa en un hogar – una experiencia, no solo una estructura. El objetivo de este libro es ayudar a desarrollar creencias fundamentales saludables que allanen el camino hacia una experiencia más profunda de quién es Jesús y la verdad que él declara sobre ti.

CÓMO USAR ESTE LIBRO

Este libro contiene treinta meditaciones diarias divididas en dos partes. Cada devoción está diseñada para ayudarte a desarrollar una creencia fundamental sobre quién es Jesús y quién eres tú en él. La primera parte se centra en la identidad de Jesús, mientras que la segunda parte se enfoca en tu identidad en él.

Cada devoción está escrita desde la perspectiva de Jesús hablando directamente contigo como su "amado". Cuando Dios nos llama su amado, significa un amor profundo, incondicional y seguro. Significa que eres elegido, atesorado y precioso para él. Tu identidad está fundamentada en su amor por ti, y este es el fundamento que estas devociones buscan fortalecer.

Dentro de las devociones, encontrarás notas al pie que indican las Escrituras en las que se basaron para ese día. También hay una selección de Escrituras relevantes y preguntas de reflexión al final de cada día. Estas están diseñadas para guiar tus pensamientos y profundizar tu tiempo con Dios. Tómate el tiempo para detenerte, orar y reflexionar sobre lo que sientes que Dios está diciendo a tu corazón. Si sientes la necesidad, utiliza el espacio provisto para escribir en un diario y procesar tus pensamientos y oraciones.

Un recordatorio importante: no permitas que las devociones se conviertan en una fuente de presión. Al inicio de mi caminar en la fe, a menudo me sentía abrumado si no pasaba tiempo con Dios, temiendo haber fallado en algún estándar desconocido de "tiempo devocional". Pero las devociones no se tratan de cumplir una lista de tareas – se tratan de una relación. Dios siempre está listo y esperando pasar tiempo contigo. Él ha preparado todo lo que necesitas para ese momento – lo único que necesitas hacer es presentarte y enfocarte en él (ver Juan 21:4-14).

INTRODUCCIÓN

Cada persona se conecta con Dios de maneras diferentes. Algunos pueden preferir el silencio y la quietud, mientras que otros lo encuentran a través del movimiento, como caminar, correr o incluso mediante expresiones creativas como pintar o trabajar en el jardín. No hay una única forma correcta de pasar tiempo con Dios, pero el fruto es el mismo: crecer en amor por Dios, por tu prójimo y por ti mismo.[8] Para mí, escribir en un diario es la manera en que proceso la vida y escucho a Dios, pero te animo a que descubras la forma que mejor funcione para ti. Permite que estas devociones se conviertan en un espacio donde puedas encontrarte con su presencia y escuchar su voz.

Finalmente, recuerda que creer e internalizar estas verdades lleva tiempo. Personalmente, luché para creer que era lo suficientemente bueno para Dios, pero con el tiempo, aprendí a confiar en su amor y en la verdad de que sí era bueno. Cuanto más te aferres a estas verdades, más reales se volverán. Mi oración es que estas verdades echen raíces en tu corazón y te ayuden a vivir con confianza en la realidad de quién Dios dice que eres.

PARTE I

DESCUBRIENDO A JESÚS

DÍA UNO

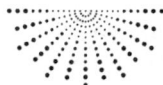

CONOCERME ES TU PROPÓSITO

AMADO, en el pasado mi Padre se reveló a su pueblo sin ser visto ni escuchado.[1] Ni siquiera Moisés vio el rostro de Dios.[2] Pero eso cambió cuando yo vine. Cuando me miras a mí, Jesús, puedes ver y conocer la plenitud de Dios.[3]

Tristemente, muchos saben sobre mí, pero no me conocen verdaderamente. Algunos sienten que una relación íntima conmigo está fuera de su alcance, por lo que se mantienen a distancia. Otros pueden decir y hacer las cosas correctas, pero sus corazones permanecen lejos de mí.[4]

Pero te creé para que me conozcas profundamente. Y vine a la tierra para que puedas experimentar el gozo de conocerme. Este es tu propósito, amado, y cuando lo abrazas, mi corazón se llena de alegría.

Cuanto más me llegues a conocer, más crecerá tu confianza en mí. Conocerás mi carácter, mi corazón y mis caminos, lo que te traerá paz y confianza en quién soy.

Así que pasa tiempo conmigo en mi Palabra, y me revelaré a ti a través de mi Espíritu.[5] Búscame en la oración, la adoración y los momentos simples de tu día, sabiendo que estoy listo para encontrarte donde estés.

Mírame, háblame y toma mi mano. Sígueme hacia mi corazón – tengo tanto de mí que quiero revelarte.

ESCRITURA

Después de decir estas cosas, Jesús miró al cielo y dijo: «Padre, ha llegado la hora. Glorifica a tu Hijo para que él a su vez te dé gloria, pues le has dado a tu Hijo autoridad sobre todo ser humano. Él da vida eterna a cada uno de los que tú le has dado. Y la manera de tener vida eterna es conocerte a ti, el único Dios verdadero, y a Jesucristo, a quien tú enviaste a la tierra. Yo te di la gloria aquí en la tierra al terminar la obra que me encargaste. Ahora, Padre, llévame a la gloria que compartíamos antes de que comenzara el mundo».

— JUAN 17:1–5

Hace mucho tiempo, Dios habló muchas veces y de diversas maneras a nuestros antepasados por medio de los profetas. Y ahora, en estos últimos días, nos ha hablado por medio de su Hijo. Dios le prometió todo al Hijo como herencia, y mediante el Hijo creó el universo. El Hijo irradia la gloria de Dios y expresa el carácter mismo de Dios, y sostiene todo con el gran poder de su palabra. Después de habernos limpiado de nuestros pecados, se sentó en el lugar de honor a la derecha del majestuoso Dios en el cielo.

— HEBREOS 1:1–3

PREGUNTAS DE REFLEXIÓN

1. Juan 17:3 dice que la vida eterna es "conocer a Dios y a Jesucristo, a quien él envió." ¿Cómo cambia tu caminar diario con Jesús el entender que tu propósito está arraigado en conocerlo a él?

2. ¿Qué aspecto del corazón o del carácter de Jesús sientes que él te está invitando a explorar más profundamente?

———

DÍA DOS

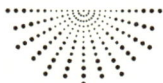

MI BONDAD SIEMPRE ESTÁ OBRANDO

AMADO, desde el principio de la creación, me he declarado bueno.[1] Mis intenciones, motivaciones y acciones siempre están arraigadas en la bondad – solo puedo ser bueno y nada menos.

Sin embargo, en este mundo caído, no todo lo que encuentras es bueno. Experiencias como la enfermedad, el divorcio y la muerte pueden llevarte a preguntar: "Jesús, ¿eres realmente bueno?" El enemigo sembrará semillas de duda, intentando sacudir tu confianza en mí.

Pero recuerda, yo no soy el autor del mal; soy el restaurador de todo lo bueno. En medio de la fractura y las circunstancias fuera de tu control, mi bondad siempre está obrando, trayendo restauración, reconciliación y redención.[2]

La cruz es la máxima declaración de mi bondad. Incluso cuando todo parecía perdido, a través de ella, traje redención y sanidad para ti y para el mundo. El Calvario es un recordatorio de que hago que todas las cosas cooperen para el bien de aquellos que me aman.[3] Gracias a ello, puedes confiar en que siempre seré bueno contigo, incluso en los momentos más oscuros.

No pierdas la esperanza, amado – mi bondad siempre está obrando en tu vida, incluso ahora.

ESCRITURA

El Señor es compasivo y misericordioso,
lento para enojarse y lleno de amor inagotable.
El Señor es bueno con todos;
desborda compasión sobre toda su creación.
Todas tus obras te agradecerán, Señor,
y tus fieles seguidores te alabarán.
Hablarán de la gloria de tu reino;
darán ejemplos de tu poder.
Hablarán de tus hechos poderosos
y de la majestad y la gloria de tu reinado.

— SALMO 145:8–12

Sabemos que Dios hace que todas las cosas cooperen para el bien de quienes lo aman y son llamados según el propósito que él tiene para ellos. Pues Dios conoció a los suyos de antemano y los eligió para que llegaran a ser como su Hijo, a fin de que su Hijo fuera el hijo mayor entre muchos hermanos. Después de haberlos elegido, Dios los llamó para que se acercaran a él; y una vez que los llamó, los puso en la relación correcta con él, y luego de ponerlos en la relación correcta con él, les dio su gloria.

— ROMANOS 8:28–30

PREGUNTAS DE REFLEXIÓN

1. Tómate un tiempo para agradecer a Dios por toda la bondad en tu vida.

2. Reflexiona sobre la cruz como la máxima declaración de la bondad de Jesús. ¿Cómo moldea esta verdad tu perspectiva sobre el sufrimiento y los desafíos que enfrentas en tu vida?

————

DÍA TRES

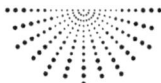

CONSTRUYE TU VIDA SOBRE EL AMOR PERFECTO

AMADO, la esencia de quien soy es amor. El amor es lo que me define. Soy la fuente del amor – todo lo que hago fluye del amor. Y vine para revelar el amor con el que este mundo fue creado y para el cual fue hecho.

Mi amor es paciente y bondadoso – se encuentra con las personas donde están, no donde deberían estar. No tiene envidia ni se jacta, y no es arrogante ni grosero. Mi amor lava los pies, abraza al marginado y se sienta tanto con pecadores como con santos. No insiste en salirse con la suya, sino que dice: no se haga mi voluntad, sino la tuya.[1] Mi amor no es irritable ni resentido. No guarda registro de errores, ni lanza piedras contra el pecado, sino que se regocija en la verdad.[2]

Y este amor fue demostrado perfectamente en la cruz. Allí, entregué mi vida y fui separado del amor de mi Padre para que tú nunca lo fueras. El Calvario revela que mi amor todo lo sufre, todo lo espera y todo lo soporta – por ti.[3]

Así que, amado, mira siempre a la cruz. Allí verás que soy amor perfecto, un fundamento sobre el cual puedes construir tu vida.

ESCRITURA

Queridos amigos, sigamos amándonos unos a otros porque el amor viene de Dios. Todo el que ama es un hijo de Dios y conoce a Dios. Pero el que no ama no conoce a Dios, porque Dios es amor. Dios mostró cuánto nos ama al enviar a su único Hijo al mundo para que tengamos vida eterna por medio de él. En esto consiste el amor verdadero: no en que nosotros hayamos amado a Dios, sino en que él nos amó a nosotros y envió a su Hijo como sacrificio para quitar nuestros pecados. Queridos amigos, ya que Dios nos amó tanto, sin duda nosotros también debemos amarnos unos a otros. Nadie jamás ha visto a Dios. Pero si nos amamos unos a otros, Dios vive en nosotros, y su amor llega a la máxima expresión en nosotros.

— 1 JUAN 4:7–12

Cuando pienso en todo esto, caigo de rodillas y elevo una oración al Padre, el Creador de todo lo que existe en el cielo y en la tierra. Pido en oración que, de sus gloriosas e inagotables riquezas, los fortalezca con poder en el ser interior por medio de su Espíritu. Entonces Cristo habitará en el corazón de ustedes a medida que confíen en él. Echarán raíces profundas en el amor de Dios y ellas los mantendrán fuertes. Espero que puedan comprender, como corresponde a todo el pueblo de Dios, cuán ancho, cuán largo, cuán alto y cuán profundo es su amor. Que experimenten el amor de Cristo, aun cuando es demasiado grande para comprenderlo todo. Entonces serán completos con toda la plenitud de la vida y el poder que provienen de Dios.

— EFESIOS 3:14–19

PREGUNTAS DE REFLEXIÓN

1. Cuando miras a la cruz como la máxima demostración del amor de Dios, ¿en qué áreas específicas de tu vida sientes el llamado a construir sobre este fundamento de amor perfecto?

2. El amor de Jesús encuentra a las personas donde están, no donde deberían estar. ¿Cómo te desafía o anima esto en tus relaciones con los demás?

———

DÍA CUATRO

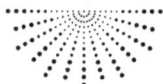

VIDA EN ABUNDANCIA PARA TI

AMADO, he estado eternamente en relación con el Padre y el Espíritu, dando y recibiendo amor, gozo, adoración y deleite. Esta relación es la fuente de la vida, y creamos a la humanidad para compartirla con nosotros.

En Edén, Adán y Eva tuvieron la libertad de elegir si dependerían de mi vida para sostener la suya. En lugar de eso, eligieron comer del Árbol del Conocimiento del Bien y del Mal, buscando la vida aparte de mí. Y desde ese momento, la humanidad ha continuado tomando esta decisión.

Al hacerlo, abrieron la puerta para que la muerte entrara en el mundo. Y aunque ahora la muerte pueda parecer una parte natural de la vida, es lo más antinatural que existe – nunca fue parte de mi diseño original.

Por eso entré en el mundo: para derrotar a la muerte. Mi vida fue de completa armonía con el Padre, eligiendo la vida en cada momento. Sin embargo, elegí la cruz por ti. Colgué en un árbol para pagar la pena por tu pecado – la muerte. Y cuando declaré "todo se ha cumplido" y exhalé mi último aliento, vencí a la muerte de una vez por todas.[1]

Amado, la vida para la que fuiste creado ahora está disponible a través de mí. Así que elige la vida. La tengo en abundancia, y mientras caminas conmigo, te restauraré a la vida que siempre debiste tener.

ESCRITURA

Hoy pongo al cielo y a la tierra como testigos contra ustedes de que les he dado a elegir entre la vida y la muerte, entre bendiciones y maldiciones. Ahora pongo al cielo y a la tierra como testigos contra ustedes, para que elijan la vida a fin de que ustedes y sus descendientes puedan vivir. Pueden lograrlo al amar al Señor su Dios, obedecerlo y comprometerse firmemente con él. Esa es la clave para su vida. Y si aman y obedecen al Señor, vivirán por muchos años en la tierra que el Señor juró dar a sus antepasados Abraham, Isaac y Jacob.

— DEUTERONOMIO 30:19–20

En el principio la Palabra ya existía, la Palabra estaba con Dios y la Palabra era Dios. Él estaba con Dios en el principio. Por medio de él, Dios creó todas las cosas, y nada fue creado sin él. La Palabra le dio vida a todo lo creado, y su vida trajo luz a todos. La luz brilla en la oscuridad, y la oscuridad jamás podrá apagarla.

— JUAN 1:1–5

PREGUNTAS DE REFLEXIÓN

1. ¿En qué áreas de tu vida estás buscando satisfacción aparte de Jesús, y cómo puedes comenzar a elegir su vida abundante en su lugar?

2. ¿Cómo cambia tu perspectiva de la vida y las decisiones que tomas a diario el entender que la muerte nunca fue parte del diseño original de Dios?

———

DÍA CINCO

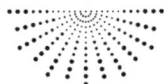

LA VERDAD ES UNA RELACIÓN

AMADO, justo antes de mi muerte, la última pregunta que me hicieron fue: "¿Qué es la verdad?"[1] Pilato, como muchos otros desde entonces, asumió que la verdad nunca podría conocerse. Pero este no es el caso. La verdad puede conocerse a través de mí – "Yo soy el camino, la verdad y la vida."[2]

Cuando me ves a mí, ves lo que es real acerca de Dios. A través de mis palabras y mi vida, puedes saber quién es Dios, quién eres tú y cómo vivir en este mundo. La verdad, entonces, es más que un conjunto de hechos – es una relación conmigo, el autor de la realidad. Todo el que es de la verdad escucha mi voz.[3] Y cuando vives en la verdad, entras en la plenitud de la vida como se supone que debe vivirse.

Tristemente, vives en un mundo donde las mentiras están siempre presentes. Esto se debe a que Satanás, el padre de la mentira, ha estado engañando a la humanidad desde el Edén. Sus mentiras o irrealidades distorsionan mi carácter y te enredan en falsedades sobre ti mismo.

Esta es la batalla diaria, amado – la verdad contra las mentiras. Pero ten ánimo, porque ya he ganado esta batalla por ti. Gracias a la cruz, he destruido las obras de Satanás y el poder de sus mentiras.[4] Puedes vencerlas a través de mí – por eso dije: "la verdad los hará libres."[5]

Conocer la verdad es conocerme a mí, y seguir la verdad es caminar conmigo. Así que ven a mi palabra diariamente – es una lámpara para tus pies.[6]Puedes confiar en mí, amado – nunca te mentiré.

ESCRITURA

Dios no es un hombre, por lo tanto, no miente;
él no es humano, por lo tanto, no cambia de
    parecer.
¿Acaso alguna vez habló sin actuar?
¿Alguna vez prometió sin cumplir?

— NÚMEROS 23:19

Sabemos que somos hijos de Dios y que el mundo que nos rodea está bajo el control del maligno. Y sabemos que el Hijo de Dios ha venido y nos ha dado entendimiento para que podamos conocer al Dios verdadero. Ahora vivimos en comunión con el Dios verdadero porque vivimos en comunión con su Hijo, Jesucristo. Él es el único Dios verdadero y él es la vida eterna.

— 1 JUAN 5:19–20

PREGUNTAS DE REFLEXIÓN

1. ¿Cómo desafía o profundiza tu comprensión de lo que realmente es la verdad la declaración de Jesús de que él es "el camino, la verdad y la vida"?

2. En un mundo lleno de mentiras y distorsiones, ¿cómo puedes intencionalmente arraigarte más en la verdad que Jesús ofrece? ¿Qué pasos prácticos puedes tomar para mantenerte anclado en su verdad en medio del ruido?

———

DÍA SEIS

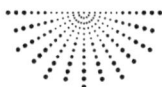

YOUR WONDERFUL COUNSELLOR

AMADO, en un mundo donde muchas voces compiten por aconsejarte y guiarte, quiero que mi voz sea la que sigas. Esto es porque soy un Consejero Maravilloso para mi pueblo.

Siempre estoy contigo, ofreciendo mi sabiduría y conocimiento libremente.[1] Todo lo que te hablo fluye de mi bondad y amor, guiándote hacia la vida. Recuerda, sé cómo funciona la vida, porque yo la creé. Confía en mí. Veo más allá de lo que tú puedes, y conozco el camino que tienes por delante.

Sin embargo, muchos de mis hijos recurren a mí solo cuando llegan los problemas. Pero mi consejo no es solo para las decisiones difíciles, sino para cada paso de tu camino. Anhelo guiarte en cada etapa de la vida, ya sea en alegría o en dolor, en calma o en caos.[2] Comparte tus sueños, tus miedos, tus alegrías y tus preguntas. Cuando haces esto, la perspectiva del cielo puede encontrarse con tus circunstancias.

Así que, amado, toma tiempo para hablar conmigo, pero también para estar quieto y escuchar. Soy tu Consejero Maravilloso, quien se deleita en guiarte a toda verdad.

ESCRITURA

Pues nos ha nacido un niño, un hijo se nos ha dado;
el gobierno descansará sobre sus hombros, y será
llamado: Consejero Maravilloso,
Dios Poderoso, Padre Eterno, Príncipe de Paz.

— ISAÍAS 9:6

Tú eres mi refugio
me protegerás de la angustia
y me rodearás con cánticos de liberación.
El Señor dice:
Te guiaré por el mejor sendero para tu vida
te aconsejaré y velaré por ti.
No seas como el mulo o el caballo,
que no tienen entendimiento
y necesitan un freno y una brida
para mantenerse controlados.

— SALMO 32:7–9

DÍA SEIS

PREGUNTAS DE REFLEXIÓN

1. ¿Hay alguna parte de tu vida donde necesitas el consejo de Dios? Habla con él sobre el problema o la situación en la que necesitas orientación. Luego, espera en silencio para ver si te responde.

2. Jesús desea aconsejarte no solo en momentos de crisis, sino en cada temporada de la vida. ¿Cómo puedes construir el hábito de acudir a él diariamente en busca de sabiduría, incluso en los momentos ordinarios

———

DÍA SIETE

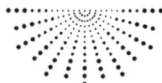

EL AMOR SACRIFICIAL ES EL VERDADERO PODER

AMADO, ya sea Faraón, Goliat o Satanás, no tengo rival ni igual, porque soy el Dios Todopoderoso.

A diferencia de los gobernantes de este mundo que usan el poder y la autoridad para dominar, mi vida demuestra que el verdadero poder se encuentra en el amor sacrificial. No busqué construir una base de poder ni explotar a otros; en cambio, toqué a los leprosos, sané a los enfermos, di vista a los ciegos, lavé pies y recibí a los pecadores en casa.

Y la mayor demostración de este amor sacrificial fue en la Cruz. Allí, conquisté al gobernante de este mundo – no por la fuerza, sino por amor. Podría haber llamado a doce legiones de ángeles para evitar la muerte,[1] pero elegí permanecer crucificado – dando mi vida como rescate por ti y por muchos.[2]

Por eso te invito a tomar tu cruz cada día, para que mi amor fluya a través de ti en un mundo desesperado por redención. Este camino no es fácil, pero como le dije a Pablo: "mi gracia es suficiente para ti, porque mi poder se perfecciona en la debilidad".[3]

Amado, nunca estás solo. Confía en mí, tu Dios Todopoderoso, porque mi fuerza siempre está contigo.

ESCRITURA

Pero Jesús, llamándolos, les dijo: «Sabéis que los que son tenidos por gobernantes de las naciones se enseñorean de ellas, y sus grandes ejercen autoridad sobre ellas. Pero no será así entre vosotros; sino que el que quiera hacerse grande entre vosotros será vuestro servidor, y el que de vosotros quiera ser el primero, será siervo de todos. Porque el Hijo del Hombre no vino para ser servido, sino para servir y para dar su vida en rescate por muchos».

— MARCOS 10:42–45

Haya, pues, en vosotros este sentir que hubo también en Cristo Jesús, quien, siendo en forma de Dios, no estimó el ser igual a Dios como cosa a qué aferrarse, sino que se despojó a sí mismo, tomando forma de siervo, hecho semejante a los hombres; y estando en la condición de hombre, se humilló a sí mismo, haciéndose obediente hasta la muerte, y muerte de cruz. Por lo cual Dios también le exaltó hasta lo sumo, y le dio un nombre que es sobre todo nombre, para que en el nombre de Jesús se doble toda rodilla de los que están en los cielos, en la tierra y debajo de la tierra, y toda lengua confiese que Jesucristo es el Señor, para gloria de Dios Padre.

— FILIPENSES 2:5–11

PREGUNTAS DE REFLEXIÓN

1. El poder de Jesús se revela a través del amor sacrificial en lugar del control. ¿Cómo desafía esta comprensión del poder tus puntos de vista sobre el liderazgo y la influencia en tu propia vida?

2. Jesús te invita a tomar tu cruz cada día. ¿En qué áreas de tu vida te está llamando a confiar en su fuerza, especialmente cuando te sientes débil o abrumado?

———

DÍA OCHO

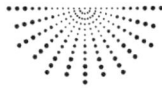

EL PADRE PARA QUIEN FUISTE CREADO

AMADO, lo que define mi vida es la relación que tengo con mi Padre. Por la eternidad descansé en su pecho, abrazado por su amor.[1] Y vine a la tierra para hacer al Padre accesible para ti.

Algunos padres terrenales crían a sus hijos de manera saludable y amorosa, mientras que otros, en su propio dolor y quebranto, no pueden amar plenamente, dejando heridas profundas. Sea cual sea tu experiencia con la paternidad, mi esperanza es que llegues a conocer a tu verdadero Padre Celestial. Y a través de mí puedes conocerlo. Porque cuando me ves a mí, ves a Dios Padre, porque somos uno.[2]

Esta paternidad siempre proveerá para ti y te protegerá. Es un lugar seguro para ti, lleno de compasión sin medida y libre de presiones. Te anima y nunca se rinde contigo. Te sostiene, sin importar tu condición, y sana tus heridas. Sonríe sobre ti y se regocija en tus logros. Siempre está presente, es fiel y nunca te abandonará. Esta paternidad sabe quién eres realmente y nunca dejará de amarte para que seas quien fuiste creado para ser.

Amado, este es el Padre Eterno para quien fuiste creado.[3] Que sea el fundamento de tu vida, el abrazo seguro al que acudas en cada temporada.

ESCRITURA

Felipe le dijo: «Señor, muéstranos al Padre, y nos basta». Jesús le dijo: «¿Tanto tiempo hace que estoy con vosotros, y no me has conocido, Felipe? El que me ha visto a mí, ha visto al Padre. ¿Cómo, pues, dices tú: "Muéstranos al Padre"? ¿No crees que yo soy en el Padre, y el Padre en mí? Las palabras que yo os hablo, no las hablo por mi propia cuenta, sino que el Padre que mora en mí, él hace las obras. Creedme que yo soy en el Padre, y el Padre en mí; de otra manera, creedme por las mismas obras».

— JUAN 14:8–11

Entonces Jesús explicó: «Les digo la verdad, el Hijo no puede hacer nada por su propia cuenta; sólo hace lo que ve al Padre hacer. Todo lo que hace el Padre, también lo hace el Hijo. Pues el Padre ama al Hijo y le muestra todo lo que hace. De hecho, el Padre le mostrará cómo hacer cosas aún más asombrosas que el sanar a este hombre. Entonces ustedes quedarán verdaderamente asombrados. Pues así como el Padre da vida a los que levanta de los muertos, también el Hijo da vida a quien él quiere. Además, el Padre no juzga a nadie, sino que le ha dado al Hijo autoridad absoluta para juzgar, a fin de que todos honren al Hijo, tal como honran al Padre. El que no honra al Hijo, ciertamente tampoco honra al Padre que lo envió».

— JUAN 5:19–23

PREGUNTAS DE REFLEXIÓN

1. Reflexiona sobre tu comprensión de Dios como tu Padre Celestial. ¿Cómo desafía o afirma esta devoción tu visión de él, especialmente a la luz de tus experiencias terrenales con la paternidad?

2. ¿En qué áreas necesitas recurrir hoy al abrazo de la paternidad perfecta de Dios?

———

DÍA NUEVE

TU PRÍNCIPE DE PAZ EN CADA MOMENTO

AMADO, la paz del Edén era una armonía perfecta: paz con Dios, contigo mismo, con los demás y con la creación, una plenitud conocida como shalom. Esta es la paz para la cual fuiste creado.

Sin embargo, en un mundo caótico y ansioso, los ecos de la paz del Edén en tu corazón pueden sentirse dolorosamente lejanos. Mis discípulos experimentaron esta tensión de primera mano cuando fueron atrapados en una furiosa tormenta. Temiendo por sus vidas, me despertaron gritando desesperados. Yo ordené: "¡Silencio! ¡Cálmate!", y la tormenta se calmó.[1] Amado, donde yo estoy, la paz siempre está disponible, porque yo soy el Príncipe de Paz.[2]

Y, sin embargo, no calmé la tormenta de inmediato. Estaba enseñándoles a confiar en mí, no en las circunstancias a su alrededor. De la misma manera, cuando eliges confiar en mí, mi paz, que sobrepasa todo entendimiento, estabilizará tu corazón.[3] Esta paz no proviene de situaciones cambiadas, sino de saber que yo estoy contigo.[4]

Recuerda, no obstante, que esta paz tuvo un gran costo. En el Calvario, enfrenté la tormenta de la ira del Padre contra el pecado, un precio que me costó la vida. Hice esto para que pudieras tener acceso a la paz para la cual fuiste creado, en lugar de que permaneciera como un recuerdo distante.[5]

Confía en mí, Amado. Yo soy el Príncipe de Paz y te ofrezco el shalom que fuiste creado para experimentar, en cada momento de tu vida.

ESCRITURA

> Tú guardarás en perfecta paz
> a todos los que confían en ti,
> a todos los que concentran en ti sus pensamientos.
> Confíen siempre en el Señor,
> porque el Señor Dios es la Roca eterna.

— ISAÍAS 26:3–4

«Les dejo un regalo: paz en la mente y en el corazón. Y la paz que yo doy es un regalo que el mundo no puede dar. Así que no se angustien ni tengan miedo».

— JUAN 14:27

PREGUNTAS DE REFLEXIÓN

1. ¿Cómo habla la imagen de Jesús calmando la tormenta a las áreas inquietas de tu vida en este momento? ¿Cómo podría ser invitar su paz a esas tormentas?

2. La paz que Jesús ofrece tuvo el costo de su vida. ¿Cómo profundiza tu comprensión de este precio tu aprecio por esa paz, y cómo puedes invitar más de esta paz a tu vida diaria?

———

DÍA DIEZ

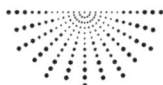

MI TERNURA TE RESTAURA

AMADO, yo soy un Dios tierno. Esta ternura no es un signo de debilidad, sino un control de mi poder que se adapta a cada persona donde está. Isaías lo expresa perfectamente cuando escribió acerca de mí: "No quebrará la caña dañada, ni apagará la mecha que apenas arde".[1]

A lo largo de mi ministerio, mostré ternura a los quebrantados y cansados: cenando con pecadores, sanando a los leprosos, defendiendo a la adúltera, perdonando a mis discípulos que me abandonaron. En cada circunstancia, mi ternura los encontró en su debilidad y los restauró.

Y mi ternura no terminó allí: alcanzó su plenitud en la cruz. Allí, tomé la dureza que tú merecías. Al cargar con tu pecado, yo me convertí en el quebrantado, extinguido por la oscuridad, para poder ser tierno contigo.[2]

Amado, como quien conoce la debilidad humana, ofrezco misericordia y gracia en tu necesidad.[3] Sé de tu fragilidad y que no alcanzas la perfección, pero no te trato según tus pecados.[4]

Confía en que mi ternura te encontrará donde estás y te guiará hacia la sanidad y la plenitud.

ESCRITURA

No gritará,
ni levantará su voz,
ni la hará oír en las calles.
No aplastará la caña quebrada,
ni apagará la vela que titila;
les hará justicia a todos los agraviados.

— ISAÍAS 42:2–3

Vengan a mí todos los que están cansados y llevan cargas pesadas, y yo les daré descanso. Carguen con mi yugo, déjenme enseñarles, porque yo soy humilde y tierno de corazón, y encontrarán descanso para el alma.

— MATEO 11:28–29

DÍA DIEZ

PREGUNTAS DE REFLEXIÓN

1. Al reflexionar sobre la ternura de Jesús, ¿cómo puedes mostrar esa misma ternura a alguien en tu vida que pueda sentirse quebrantado o cansado?

2. Jesús soportó la dureza que tú merecías para poder ser tierno contigo. ¿De qué manera esta verdad profundiza tu comprensión de su misericordia y gracia en tu vida hoy?

———

DÍA ONCE

·························
∴∵∴∵∴∵∴∵
∴∵∴∵∴∵
∴∵∴∵
∵∴

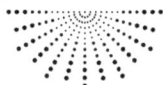

SIEMPRE PROVEERÉ PARA TI

AMADO, una parte clave de nuestra relación es que yo soy tu proveedor. Conozco tus necesidades, y me da alegría suplirlas. Mi provisión es integral, buscando satisfacer tanto tus necesidades físicas como nutrir tu bienestar espiritual.

En lo físico, he provisto consistentemente para mis hijos. En el Edén, di a Adán y Eva frutos en abundancia, e incluso en su exilio, los vestí.[1] Durante el Éxodo, proporcioné agua y maná en el desierto, y más tarde, alimenté a cinco mil con solo unos pocos panes y peces.[2] Estos ejemplos muestran que puedes confiar en lo que dijo el rey David: "Fui joven y ahora soy viejo, pero nunca he visto a los justos abandonados ni a sus hijos mendigando pan".[3]

Pero mi provisión no se limita a las necesidades físicas; se extiende profundamente a tu corazón y alma. Ofrezco mi amor, paz, afecto y presencia para llenarte. Sin esto, podrías buscar satisfacción en otros lugares. Y mi provisión máxima fue en la cruz, donde quité tu pecado para que mi amor pudiera fluir en ti.

Sin embargo, no puedo llenar una copa en movimiento, amado. Cuando estás inquieto o esforzándote, te resulta difícil recibir lo que estoy derramando. Por eso es vital estar quieto en mi presencia cada día y saber que yo soy Dios.[4] Allí te llenaré para que puedas desbordarte hacia el mundo.

Puede que estés en un momento de espera por mi provisión. Descansa en el conocimiento de que soy tu proveedor fiel en cada área de tu vida. Sé lo que necesitas, amado, y no te fallaré.

ESCRITURA

Fui joven y ahora soy viejo,
pero nunca he visto a los justos abandonados
ni a sus hijos mendigando pan.

— SALMO 37:25

Así que no se preocupen por todo eso diciendo: "¿Qué comeremos? ¿Qué beberemos? ¿Qué ropa nos pondremos?". Esas cosas dominan el pensamiento de los incrédulos, pero su Padre celestial ya conoce todas sus necesidades. Busquen el reino de Dios por encima de todo lo demás y lleven una vida justa, y él les dará todo lo que necesiten. Así que no se preocupen por el mañana, porque el día de mañana traerá sus propias preocupaciones. Los problemas del día de hoy son suficientes por hoy.

— MATEO 6:31–34

PREGUNTAS DE REFLEXIÓN

1. ¿Qué ejemplo bíblico de la provisión de Jesús (el Edén, el Éxodo, la alimentación de los cinco mil, o la cruz) te habla más, y por qué?

2. ¿En qué áreas de tu vida puedes buscar el amor y la paz de Jesús en lugar de buscar satisfacción en otro lugar?

———

DÍA DOCE

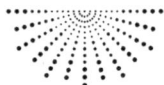

EL SANADOR HERIDO

Amado, parte de vivir en un mundo quebrantado es que serás herido. Estas heridas pueden venir de un evento traumático, una ruptura en una relación o incluso un miembro de tu familia. A veces puedes sentirte responsable del dolor, mientras que otras veces simplemente sufres por las decisiones de otros. Cualquiera que sea el dolor y el sufrimiento que estás atravesando, yo soy tu sanador.

A lo largo de mi vida, yo también experimenté muchas heridas. Fui rechazado por mi familia, llamado mentiroso y poseído por demonios, acusado falsamente, tratado con rudeza, burlado, traicionado y abandonado por mis discípulos. Fui vendido por dinero, escupido, golpeado, exhibido desnudo ante los soldados y, finalmente, crucificado.

En el Calvario, cargué con el peso de todo pecado: el pecado cometido contra ti y el pecado que tú has llevado.[1] No evité el sufrimiento y el dolor, sino que caminé hacia ellos en tu lugar. amado, en la cruz tomé tus heridas en las mías para que nunca las llevaras solo.[2]

Pero la cruz no fue el final. Cuando resucité de entre los muertos, elegí mantener las cicatrices de mi crucifixión.[3] Estas cicatrices son un testimonio de que incluso el dolor más profundo puede ser sanado y redimido. Pero la sanidad no es instantánea; es un viaje que se desarrolla mientras caminas conmigo una y otra vez hacia los pies de la cruz.

Allí te daré la fuerza para soportar, y a través de mi Espíritu, te guiaré en cada paso hacia la sanidad. Ven tal como eres, con todo tu dolor, y déjame transformar tus heridas en cicatrices de gracia.

Confía en que, mientras caminas conmigo, amado, nunca te dejaré solo.

ESCRITURA

Él sana a los quebrantados de corazón
y les venda las heridas.

— SALMO 147:3

Fue despreciado y rechazado, hombre de dolores, conocedor del sufrimiento. Nosotros le dimos la espalda y desviamos la mirada; fue despreciado y no nos importó. Sin embargo, fueron nuestras debilidades las que él cargó; fueron nuestros dolores los que lo agobiaron. Y pensamos que sus dificultades eran un castigo de Dios, un castigo por sus propios pecados. Pero él fue traspasado por nuestras rebeliones y aplastado por nuestros pecados. Fue golpeado para que nosotros pudiéramos estar en paz; fue azotado para que pudiéramos ser sanados.

— ISAÍAS 53:3−5

PREGUNTAS DE REFLEXIÓN

1. Reflexiona sobre las heridas que llevas, ya sean causadas por otros o por tus propias acciones. ¿Cómo puedes llevar estas heridas a los pies de la cruz, confiando en el amor y el poder sanador de Jesús?

2. Jesús eligió mantener las cicatrices de su crucifixión. ¿Qué te revela esto sobre el carácter de Dios y su disposición a abrazar tu dolor y traer sanidad?

DÍA TRECE

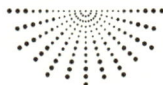

EL PASTOR QUE NUNCA ABANDONA A SUS OVEJAS

AMADO, a lo largo de la historia de mi pueblo, me he mostrado como su Pastor y ellos, mis ovejas. Puede ser una imagen difícil de comprender, ya que los pastores son raros hoy en día. Pero quiero que sepas que, como tu Pastor, te cuido, te protejo y te guío.

Mantengo un ojo vigilante sobre mis ovejas. Aunque cada persona se ha ido por su propio camino, ninguna está fuera de mi vista.[1] Mi ministerio consistió en buscar ovejas perdidas y traerlas de vuelta a mi redil. Dejé a las noventa y nueve para buscar a una, y tú eras esa.[2] Amado, te vi antes de que tú me vieras, y te perseguí incansablemente porque eres precioso para mí.

También protejo a mis ovejas porque son vulnerables a los ataques. Hay un enemigo que ronda como un león, buscando devorar a mi rebaño, pero no tienes que temer.[3] No soy como un asalariado que huye del peligro.[4] Permanezco con mi rebaño y lo protejo con mi vida porque son míos.[5] Te sostengo en la palma de mis manos, y nadie puede arrebatarte de mí.[6]

Finalmente, como tu Pastor, te guío. Llevo a mis ovejas a aguas de descanso y verdes pastos para que prosperen.[7] Sin embargo, también habrá momentos en los que caminarás por el valle de la sombra de la muerte; cuando lo hagas, estoy contigo. Caminé por ese mismo valle en la cruz.[8] Incluso en los lugares más oscuros, estoy a tu lado, guiando cada paso, porque para mí, la oscuridad es luz.[9]

Amado, yo soy tu Pastor, ahora y siempre.

ESCRITURA

El Señor es mi pastor;
tengo todo lo que necesito.
En verdes prados me deja descansar;
me conduce junto a arroyos tranquilos.
Él renueva mis fuerzas.
Me guía por sendas correctas,
y así da honra a su nombre.
Aun cuando yo pase
por el valle más oscuro, no temeré,
porque tú estás a mi lado.
Tu vara y tu cayado
me protegen y me confortan.

— SALMO 23:1–4

Yo soy el buen pastor; conozco a mis ovejas y ellas me conocen a mí, así como mi Padre me conoce a mí y yo conozco al Padre. Así que sacrifico mi vida por las ovejas. Tengo otras ovejas que no están en este redil, también las debo traer. Ellas escucharán mi voz y habrá un solo rebaño con un solo pastor.

— JUAN 10:14–16

PREGUNTAS DE REFLEXIÓN

1. ¿Cómo se vería confiar en Jesús como tu pastor tanto en temporadas de paz como en momentos difíciles?

2. ¿Quién en tu vida podría necesitar experimentar el cuidado de Jesús como pastor, y cómo puedes mostrarle su amor?

———

DÍA CATORCE

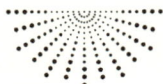

HE AQUÍ EL CORDERO DE DIOS

AMADO, me he revelado como el Cordero de Dios – primero protegiendo a mi pueblo con mi sangre, luego nutriéndolos con mi vida y, finalmente, quitando su pecado a través de mi sacrificio.

Durante siglos, el cordero desempeñó un papel vital para mi pueblo. Durante el Éxodo, su sangre marcó los postes de las puertas, protegiendo a los israelitas de la muerte, y su carne los fortaleció para su viaje a la Tierra Prometida.[1] Más tarde, a través de Moisés, se sacrificaban corderos para cubrir el pecado y mantener la comunión conmigo.[2] Cada sacrificio servía como un recordatorio del peso del pecado y la separación que este creaba.

Pero estos sacrificios nunca podrían eliminar realmente el pecado.[3] Solo eran señales, apuntando a una ofrenda mayor y perfecta. Por eso, cuando Juan el Bautista me vio, declaró: "¡Miren, el Cordero de Dios que quita el pecado del mundo!"[4] En el Calvario, cumplí lo que esos corderos solo simbolizaban. Mi sangre fue derramada para traerte perdón eterno, y la muerte cayó sobre mí y pasó de largo sobre ti, para que pudieras tener vida eterna.[5]

Y así como el Cordero de la Pascua una vez sostuvo a los israelitas, mi vida está destinada a sostener la tuya. Es mi cuerpo y mi sangre los que proporcionan el verdadero alimento para tu camino conmigo hacia tu hogar eterno.[6] Por eso, cuando mis discípulos se reunieron en la Última Cena, pudo parecer que el cordero estaba ausente. Pero en verdad, yo estaba presente, ofreciéndome como el verdadero Cordero de la Pascua.[7]

Amado, soy tu Cordero para siempre. En mí, tienes todo lo que necesitas para cada paso de tu viaje.

ESCRITURA

Recuerden que el Padre celestial, a quien ustedes oran, no tiene favoritos. Él los juzgará o los recompensará según lo que hagan. Así que tienen que vivir con un reverente temor de él durante su estadía aquí como «residentes temporales». Pues ustedes saben que Dios pagó un rescate para salvarlos de la vida vacía que heredaron de sus antepasados. No fue pagado con oro ni plata, los cuales pierden su valor, sino que fue con la preciosa sangre de Cristo, el Cordero de Dios, que no tiene pecado ni mancha.

— 1 PEDRO 1:17–19

Entonces miré de nuevo, y oí las voces de miles y millones de ángeles alrededor del trono y de los seres vivientes y de los ancianos. Y cantaban con un fuerte cántico: «Digno es el Cordero que fue sacrificado de recibir poder y riquezas, sabiduría y fuerza, honor, gloria y bendición».

— APOCALIPSIS 5:11–12

PREGUNTAS DE REFLEXIÓN

1. ¿De qué maneras reconocer a Jesús como tu Cordero cambia la forma en que ves tu propio valor y tu relación con él?

2. ¿De qué maneras puedes confiar en Jesús para que te sostenga en tu camino, así como el Cordero de la Pascua sostuvo a los israelitas en su camino hacia la Tierra Prometida?

———

DÍA QUINCE

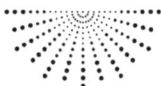

MI RESURRECCIÓN, TU ANCLA

AMADO, desde el momento en que salí de la tumba, me revelé como la Resurrección – una nueva creación ha comenzado, y tú tienes un papel que desempeñar.

Mi resurrección es el comprobante de que este mundo ahora está bajo una nueva administración. Ahora reino con amor, justicia y paz, haciendo nuevas todas las cosas. Por eso les dije a mis discípulos: "Vi a Satanás caer del cielo como un rayo."[1]

Es difícil imaginar un mundo sin pecado ni muerte, pero he dado destellos de cómo será. Será un lugar donde las lágrimas y la muerte ya no existirán.[2] El lobo vivirá con el cordero, y ya no será necesario el sol, porque yo seré tu luz. La tierra estará llena del conocimiento de mi gloria, y serás resucitado en un cuerpo que nunca se deteriorará.[3] Mi resurrección te da la confianza y la esperanza de que estas promesas se cumplirán.

Pero la esperanza de la resurrección no es solo para el futuro – te capacita ahora para llevar mi amor y renovación a este mundo quebrantado. Eres mi portador de luz, llevando la promesa de la renovación a través del amor, la justicia y la misericordia hasta el día en que regrese para hacer nuevas todas las cosas.

No importa lo que enfrentes en esta vida, amado, el poder de mi resurrección está vivo y obrando en ti. Que esta verdad sea tu ancla y tu confianza – porque yo soy la Resurrección.

ESCRITURA

Las mujeres estaban aterradas y se inclinaron rostro en tierra. Entonces los hombres preguntaron: «¿Por qué buscan entre los muertos a alguien que está vivo? ¡Él no está aquí! Ha resucitado. Recuerden lo que les dijo en Galilea, que el Hijo del Hombre debía ser traicionado y entregado en manos de hombres pecadores y ser crucificado, y que resucitaría al tercer día».

— LUCAS 24:5–7

Jesús le dijo: «Yo soy la resurrección y la vida. El que cree en mí vivirá, aun después de haber muerto. Todo el que vive en mí y cree en mí jamás morirá. ¿Lo crees, Marta?».

— JUAN 11:25–26

PREGUNTAS DE REFLEXIÓN

1. La resurrección de Jesús marca el comienzo de una nueva creación donde él reina con amor, justicia y paz. ¿Cómo influye esta verdad en la forma en que vives tu vida ahora, sabiendo que eres parte de esta nueva creación?

2. Jesús promete que el poder de su resurrección está obrando en ti, trayendo esperanza y renovación. ¿En qué áreas de tu vida necesitas confiar más plenamente en este poder de resurrección?

PARTE II

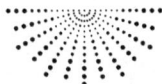

DESCUBRIENDO TU IDENTIDAD

DÍA DIECISÉIS

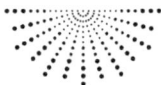

MI OBRA MAESTRA HECHA A MANO

AMADO, quiero que sepas que eres hecho de manera maravillosa y asombrosa por mí.

Antes de que existieras, el Padre, el Espíritu y yo encontramos gran alegría al hablar de ti y planificar cuidadosamente todos tus días. Y he estado contigo en cada paso, desde tejerte en el vientre hasta sostener cada latido de tu corazón y cada aliento.[1]

Esto significa que no eres un accidente ni un error, sino mi obra maestra diseñada con amor. Hay un plan y un propósito para tu vida, y a través de mí puedes comprender y caminar con confianza en los días que he escrito para ti.[2]

Por demasiado tiempo, el mundo ha intentado convencer a mi pueblo de que defina su valor por el éxito, la riqueza, la belleza y el estatus. Pero estas mentiras solo conducen al vacío y la confusión. Cuando confías en que fuiste hecho por mí y me perteneces, eres libre de esforzarte por aprobación o de perseguir las promesas vacías del mundo. Puedes descansar porque tu valor está fundamentado en mi amor, no en lo que logras o posees.

Así que, amado, descansa en la verdad de que fuiste hecho por mí. Deja que esta verdad te libere para vivir con confianza, sabiendo que eres mi obra maestra. Y al hacerlo, naturalmente mostrarás a otros que ellos también fueron creados por un Dios bueno y amoroso, despertando sus corazones a la verdad de quién soy.

ESCRITURA

Tú formaste las delicadas partes internas de mi
  cuerpo
y me entretejiste en el vientre de mi madre.
¡Gracias por hacerme tan maravillosamente
  complejo!
Tu fino trabajo es maravilloso, lo sé muy bien.
Tú me observabas mientras iba cobrando forma en
  secreto,
mientras se entretejían mis partes en la oscuridad
  de la matriz.
Me viste antes de que naciera.
Cada día de mi vida estaba registrado en tu libro;
cada momento fue diseñado antes de que un solo
  día pasara.

— SALMO 139:13–16

En el principio la Palabra ya existía, la Palabra estaba con Dios, y la Palabra era Dios. Él estaba con Dios en el principio. Por medio de él, Dios creó todas las cosas, y nada fue creado sin él. La Palabra le dio vida a todo lo creado, y su vida trajo luz a todos. La luz brilla en la oscuridad, y la oscuridad jamás podrá apagarla.

— JUAN 1:1–5

PREGUNTAS DE REFLEXIÓN

1. ¿De qué maneras confiar en tu identidad como obra maestra de Dios podría liberarte de las presiones de esforzarte por el éxito y la aprobación del mundo?

2. C.S. Lewis escribió que "no hay personas ordinarias" o "simples mortales," sino que "son inmortales con quienes bromeamos, trabajamos, nos casamos, despreciamos y explotamos – horrores inmortales o esplendores eternos."[3] Reflexiona sobre esta cita: ¿Cómo te desafía a ver de manera diferente a cada persona – sin importar cuán difícil pueda ser – el saber que fue creada por Dios y tiene un valor eterno?

———

DÍA DIECISIETE

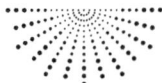

POR SIEMPRE MI HIJX

AMADO, en el núcleo mismo de quién eres está la verdad de que me perteneces como mi hijx, y no hay mayor estatus que este.

A todos los que me reciben y creen en mi nombre, les doy el derecho de llegar a ser hijxs de Dios. Has nacido de nuevo – no por tu propia voluntad, sino como un regalo de mí.[1] Ya no eres un huérfanx esforzándote por probar tu valía, sino mi hijx, sostenidx con seguridad en mi amor. Ahora, mi Espíritu dentro de ti clama: "Abba, Padre".[2]

Como mi hijx, es tu derecho de nacimiento recibir mi atención, afecto y aprobación indivisos. Mis ojos de amor están siempre sobre ti, observándote y viéndote en cada momento. Mi afecto te envuelve, tal como el Padre me sostuvo a mí antes de que el mundo comenzara.[3] Y mi aprobación se refleja en mi sonrisa hacia ti porque eres míx.

Mi esperanza es que aprendas a vivir desde este lugar de amor cada día, sabiendo que no tienes que ganártelo. Recuerda, el Reino de Dios pertenece a lxs niñxs. Esto se debe a que no dependen de su propia sabiduría o entendimiento, sino que confían y dependen de su Padre Celestial para que lxs cuide.[4]

Amado, no importa cuántos años tengas o cuán canoso se vuelva tu cabello, siempre serás mi hijx.[5] Así que descansa en mi abrazo hoy, soltando cada carga y confiando en mi amor inmutable.

ESCRITURA

Vino a los de su propio pueblo, y hasta ellos lo rechazaron. Pero a todos los que creyeron en él y lo recibieron, les dio el derecho de llegar a ser hijos de Dios. Ellos nacen de nuevo, no mediante un nacimiento físico como resultado de la pasión o de la iniciativa humana, sino por medio de un nacimiento que proviene de Dios.

— JUAN 1:11–13

Pero, cuando se cumplió el tiempo establecido, Dios envió a su Hijo, nacido de una mujer y sujeto a la ley. Dios lo envió para que comprara la libertad de los que éramos esclavos de la ley, a fin de que nos adoptara como sus propios hijos. Y debido a que somos sus hijos, Dios envió al Espíritu de su Hijo a nuestro corazón, el cual nos impulsa a exclamar: «¡Abba, Padre!». Ahora ya no eres un esclavo, sino un hijo de Dios. Y como eres su hijo, Dios te ha hecho su heredero.

— GÁLATAS 4:4–7

PREGUNTAS DE REFLEXIÓN

1. ¿Qué revela sobre el corazón de Dios el hecho de que te llame su hijx y desee darte su atención, afecto y aprobación indivisos?

2. ¿Cómo cambia tu comprensión del amor de Dios hacia ti el saber que siempre serás su hijx, sin importar tu edad o circunstancias?

———

DÍA DIECIOCHO

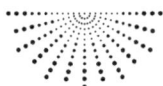

AMADX MÁS ALLÁ DE TODA MEDIDA

AMADO, antes de que el mundo comenzara, te conocí y te amé. Te he amado con un amor eterno. Cuando te miro, veo a alguien a quien amo completamente.

En este mundo, el amor a menudo está tan distorsionado que mi amor incondicional puede parecer demasiado bueno para ser verdad – o incluso una trampa. Pero mi amor no es como el amor condicional, inconsistente y egoísta que el mundo ofrece. No está basado en tu desempeño. No está basado en tu perfección. Está basado en quién soy yo. Yo soy amor, y cualquiera que me conozca será amado por mí.

Recuerda, en la cruz, asumí la distorsión que trae el pecado. Allí, el poder del enemigo y sus mentiras fue derrotado de una vez por todas, para que nunca tengas que dudar de mi amor por ti. Nada – ni la muerte ni la vida, ni ángeles ni gobernantes, ni lo presente ni lo futuro, ni nada en toda la creación – podrá separarte de mi amor.[1]

Y mi amor está comprometido a satisfacer tus necesidades para que puedas florecer. Tu necesidad de atención, aceptación, seguridad, confianza, guía, protección y significado puede ser plenamente satisfecha por mí cada día.[2] A medida que pases tiempo conmigo, hables conmigo y confíes en mí, encontrarás estas necesidades cubiertas y experimentarás mi amor fiel en cada momento.

Eres mi amado, y nada puede cambiar eso. Te amo nuevamente hoy – ven, recibe y descansa en mi amor.

ESCRITURA

Esto dice el Señor:
«Aquellos que sobrevivan a la destrucción
   venidera
encontrarán bendiciones incluso en el desierto,
pues daré descanso al pueblo de Israel».
Hace mucho tiempo, el Señor le dijo a Israel:
«Yo te he amado, pueblo mío, con un amor eterno.
Con amor inagotable te acerqué a mí».

— JEREMÍAS 31:2-3

Si permanecen en mí y mis palabras permanecen en ustedes, pueden pedir lo que quieran, ¡y les será concedido! Cuando producen mucho fruto, demuestran que son mis verdaderos discípulos. Eso le da mucha gloria a mi Padre. Yo los he amado tanto como el Padre me ha amado a mí. Permanezcan en mi amor. Cuando obedecen mis mandamientos, permanecen en mi amor, así como yo obedezco los mandamientos de mi Padre y permanezco en su amor.

— JUAN 15:7-10

PREGUNTAS DE REFLEXIÓN

1. ¿Cómo cambia la forma en que ves tu relación con Jesús el saber que nada en toda la creación puede separarte de su amor?

2. Reflexiona sobre las necesidades que estás sintiendo en este momento – afirmación, atención, seguridad u otra cosa. Escribe cada necesidad y medita sobre cómo el amor de Dios puede satisfacerlas y cómo puedes invitarlo a estas áreas hoy.

––––––

DÍA DIECINUEVE

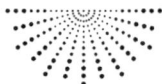

PERFECTAMENTE CONOCIDX

AMADO, te conozco perfectamente.

Sé cuándo te levantas por la mañana y cuándo te sientas. Conozco tus pensamientos desde lejos, e incluso antes de que hables una palabra. Sé cuántos cabellos hay en tu cabeza. Conozco tus miedos e inseguridades, tus defectos y la vergüenza que a veces sientes. Veo las partes ocultas de ti que nadie más puede ver. Amado, estoy familiarizadx con todos tus caminos.

Ser conocidx sin ser amado es el mayor miedo que cualquier ser humano puede tener.[1] Pero mi conocimiento de ti está fundamentado en mi amor y gracia. Veo todas tus imperfecciones, pero no me asustan. Es seguro ser conocidx por mí porque nunca te rechazaré.[2]

Y a través de nuestra relación, puedes compartir lo que está sucediendo en tu vida – ya sea lo bueno, lo malo o lo difícil. Cada palabra, pensamiento y lágrima que compartes es preciosa para mí.[3] Siempre las recibiré con ternura y protegeré tu vulnerabilidad.

Así que pasa tiempo conmigo, abre tu corazón, búscame en mi Palabra y háblame en oración. A medida que lo hagas, experimentarás la libertad y el gozo que vienen de ser plenamente conocidx y plenamente amado.

Amado, conocerte es mi mayor deleite.

ESCRITURA

«Te conocía aun antes de haberte formado en el
    vientre de tu madre.
Antes de que nacieras, te aparté
y te nombré mi profeta a las naciones».

— JEREMIAH 1:5

Cuando Jesús vio que Natanael se le acercaba, dijo: «Aquí viene un hombre genuino, un verdadero hijo de Israel. No hay falsedad en él». «¿Cómo es que me conoces?», le preguntó Natanael. Jesús le contestó: «Te vi debajo de la higuera antes de que Felipe te llamara». Entonces Natanael exclamó: «¡Rabí, tú eres el Hijo de Dios, el Rey de Israel!».

— JUAN 1:47–49

PREGUNTAS DE REFLEXIÓN

1. Pregúntale a Jesús cómo te conoce, como lo hizo Natanael en el versículo correspondiente en Juan. Tómate un tiempo para esperar en él y escribe en tu diario su respuesta.

2. ¿De qué maneras puedes compartir intencionalmente tus pensamientos y sentimientos con Dios, permitiéndole conocerte más profundamente y experimentar su amor y gracia a cambio?

———

DÍA VEINTE

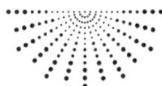

MUY BIEN

AMADO, cuando creé el mundo, lo contemplé y declaré que era bueno. Pero cuando hice a la humanidad, pronuncié algo aún más hermoso: los llamé muy buenos – una declaración de su valor inherente y del tuyo.[1] Y mi bondad está entretejida en la esencia de tu ser.

Pero cuando se alejaron de mí, las mentiras se infiltraron y distorsionaron esta verdad. La mayor mentira que muchos de mis hijxs creen es que "no son buenos." Susurra a través de fracasos, relaciones rotas y errores, convenciéndote de que eres menos de lo que te creé para ser. Pero no es más que eso: una mentira.

Mi victoria en la cruz ha destruido cada mentira y ha restaurado mi declaración original sobre ti. Y aunque no siempre alcances la perfección, eso no cambia quién eres. Mi amor continuará fortaleciendo y profundizando la bondad que ya está dentro de ti, moldeándote en la persona que sé que eres.[2]

Se necesita valor para confiar en esta realidad, pero amado, te invito a entrar en ella. Imagina comenzar cada día fundamentadx en la verdad inquebrantable de que quien eres es bueno. Este es el fundamento que te liberará de la inseguridad, la ansiedad y la duda en ti mismx.

Así que, toma un momento hoy – detente, respira y deja que esta verdad se asiente profundamente en tu corazón: Eres buenx porque yo te hice, y te amo. Deja que mi amor te libere para vivir con confianza desde esta realidad.

ESCRITURA

Entonces Dios creó a los seres humanos a su propia imagen. A imagen de Dios los creó; hombre y mujer los creó... Entonces Dios miró todo lo que había hecho, ¡y vio que era muy bueno! Y pasó la tarde y llegó la mañana: el sexto día.

— GÉNESIS 1:27,31

Pues todos los que son guiados por el Espíritu de Dios son hijos de Dios. Así que no han recibido un espíritu que los esclavice al miedo. En cambio, recibieron el Espíritu de Dios cuando él los adoptó como sus propios hijos. Ahora lo llamamos «Abba, Padre». Pues su Espíritu se une a nuestro espíritu para confirmar que somos hijos de Dios. Y como somos sus hijos, también somos sus herederos. De hecho, somos herederos junto con Cristo de la gloria de Dios. Pero si vamos a participar de su gloria, también debemos participar de su sufrimiento.

— ROMANOS 8:14–17

PREGUNTAS DE REFLEXIÓN

1.Cuando escuches la mentira de que "no eres buenx," ¿cómo puedes recordarte la verdad de que Dios ha declarado que eres muy buenx?

2. ¿Qué cambiaría en tu corazón y en tu vida si abrazaras la verdad de que eres buenx en cada momento?

———

DÍA VEINTIUNO

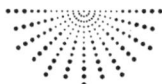

CONTIGO ESTOY COMPLACIDO

AMADO, antes de lograr cualquier cosa, el Padre pronunció estas palabras sobre mí: "Tú eres mi Hijo amado; en ti tengo complacencia."[1] Esta fue la base de mi identidad, y también está destinada a ser la base de la tuya: tú me agradas.

Tuve una eternidad para planearte, entonces, ¿por qué habría de crear a alguien en quien no me deleito? Lamentablemente, muchxs de mis hijxs creen que no estoy complacido con ellxs – que constantemente estoy desaprobando su incapacidad para "tenerlo todo bajo control."

Sin embargo, la verdad es que me gusta tenerte cerca – disfruto de tu presencia. E incluso cuando no alcanzas la perfección, eso no significa que te dejaré. Es lo contrario. Mi amor continuará refinándote, ayudándote a crecer para que puedas seguir haciendo lo que me agrada.[2]

Amado, me agradas más cuando confías en quién soy para ti, en lo que he hecho por ti y en lo que digo que eres. Recuerda, sin fe es imposible agradarme, porque todo fue logrado para ti en la cruz.[3]

Así que, cuando la presión por desempeñarte aumente, detente, respira y vuelve a mi sonrisa. Esta es la mejor parte que te invito a elegir, como María, quien descansó a mis pies, confiando en mi deleite.[4]

Amado, en ti tengo complacencia. Descansa en la libertad que esto te trae.

ESCRITURA

Cierto día, cuando las multitudes se bautizaban, Jesús mismo fue bautizado. Mientras él oraba, los cielos se abrieron y el Espíritu Santo, en forma visible, descendió sobre él como una paloma. Y una voz dijo desde el cielo: «Tú eres mi Hijo amado, y me das gran gozo».

— LUCAS 3:21–22

Fue por la fe que Enoc fue llevado al cielo sin morir; desapareció porque Dios se lo llevó. Pues antes de ser llevado, lo conocían como una persona que agradaba a Dios. De hecho, es imposible agradar a Dios sin fe. Todo el que quiera acercarse a Dios debe creer que él existe y que él recompensa a los que lo buscan con sinceridad.

— HEBREOS 11:5–6

PREGUNTAS DE REFLEXIÓN

1. Cierra los ojos, imagina a Jesús sonriéndote y simplemente devuélvele la sonrisa. Haz esto durante cinco minutos y escribe en tu diario sobre tu experiencia.

2. ¿Cómo cambiará tu caminar diario con Jesús el saber que él está complacido contigo en cada momento?

———

DÍA VEINTIDÓS

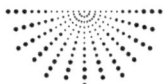

COMPLETAMENTE PERDONADO

AMADO, en el corazón de nuestra relación está esta verdad inquebrantable: estás completamente y eternamente perdonado.

En el Evangelio de Lucas, una mujer conocida solo por sus pecados cayó a mis pies llorando. Mientras sus lágrimas los lavaban, sabía que un día esos mismos pies serían traspasados – por sus pecados y por los tuyos.[1]

Verás, amado, en la cruz cargué con el pecado del mundo. Aunque no tenía pecado, me hice pecado para que pudieras ser perdonado y restaurado a mí.[2] A través de mi muerte, arrojé tus pecados a las profundidades del mar, removiéndolos tan lejos como está el oriente del occidente.[3] Por eso puedo decir: "tus pecados son perdonados" y que sea verdad.[4]

El enemigo ama recordarte cada vez que has fallado. Cuando esos recuerdos se vuelvan abrumadores, no los enfrentes solo – dirige tus ojos de nuevo a mí y a la cruz. Allí, tu perdón fue asegurado. Y ya que estás en ello, recuérdale su futuro – donde enfrenta derrota y juicio.[5] A él no le gusta eso, confía en mí.

Porque estás perdonado, ahora eres embajador de mi reconciliación – señalando a otros hacia la cruz, donde ellos también pueden encontrar perdón.[6] Es el único lugar donde se encuentra la verdadera paz con Dios, y tu vida es un testimonio de lo que he hecho, invitando a otros a experimentar mi gracia.

Amado, hoy puedes caminar en paz nuevamente – conmigo, contigo mismo y con el mundo, porque estás perdonado.

ESCRITURA

El Señor es compasivo y misericordioso,
lento para enojarse y está lleno de amor inagotable.
No nos trata con la severidad que merecemos,
ni nos paga conforme a nuestros pecados.
Pues su amor inagotable hacia los que le temen
es tan inmenso como la altura de los cielos sobre la
tierra.
Ha alejado de nosotros nuestros pecados
tan lejos de nosotros como está el oriente del
occidente.

— SALMO 103:8, 10–12

Te digo que sus pecados, que son muchos, han sido perdonados, por eso ella me mostró tanto amor. Pero una persona a quien se le perdona poco demuestra poco amor. Luego Jesús le dijo a la mujer: «Tus pecados son perdonados». Los hombres que estaban sentados a la mesa se decían entre sí: «¿Quién es este hombre, que anda perdonando pecados?». Y Jesús le dijo a la mujer: «Tu fe te ha salvado; vete en paz».

— LUCAS 7:47–50

PREGUNTAS DE REFLEXIÓN

1. ¿Cómo cambia tu perspectiva sobre tu pasado el saber que Dios te ha perdonado?

2. ¿De qué maneras puedes mostrar perdón a otros, tal como Dios te ha perdonado a través de Jesús?

———

DÍA VEINTITRÉS

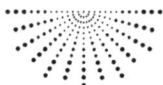

CUBIERTO POR EL CIELO

AMADO, desde la caída, mis hijos han buscado cubrir su desnudez lejos de mí. Adán y Eva cosieron hojas de higuera y se escondieron.[1] Otros hacen lo mismo con logros, riquezas o incluso buenas obras.

Cualquiera que sea la cobertura que elijan, es insuficiente para cubrir verdaderamente un corazón expuesto en completo pecado y rebelión. Por eso quité sus hojas de higuera y los cubrí con la piel de un animal sacrificado.[2] Sin embargo, este acto de gracia era una señal, apuntando a un sacrificio mayor, uno que trataría plenamente la vergüenza del pecado y proporcionaría una cobertura perfecta.

Fue ese sacrificio el que abracé en el Calvario. Antes de ser crucificado, mi cobertura fue arrancada de mí.[3] Desnudo y golpeado, estuve completamente expuesto ante la multitud. Y en lugar de huir y esconderme, caminé hacia la cruz.[4] Allí colgué, cubierto con el pecado y la vergüenza del mundo, mientras mi Padre apartaba su rostro de mí.[5] Fui expuesto por tu pecado para que tú pudieras ser cubierto una vez más.

86

Pero no es una cobertura de piel de animal; es la cobertura del cielo que te restaura a mi presencia. Así como el hijo pródigo fue vestido con un nuevo manto, intercambio tus vestiduras manchadas por el manto de mi amor y afecto.[6] Pongo el anillo de la familia en tu dedo, lavo tus pies y te doy zapatos nuevos para que puedas bailar con alegría en la celebración de mi amor y gracia.[7]

Amado, dondequiera que estés, nunca olvides que estás completamente cubierto por mí. Vive con confianza en la libertad de mi amor y gracia, tu cobertura eterna.

ESCRITURA

> Y el Señor Dios hizo ropa de pieles de animales para Adán y su esposa…Luego, el Señor Dios los expulsó del jardín del Edén y puso querubines al oriente del jardín, y una espada de fuego que destellaba de un lado a otro para custodiar el camino hacia el árbol de la vida.
>
> — GÉNESIS 3:21,24

> Y, cuando todavía estaba lejos, su padre lo vio llegar, lleno de amor y de compasión, corrió hacia su hijo, lo abrazó y lo besó. Su hijo le dijo: "Padre, he pecado contra el cielo y contra ti, y ya no soy digno de que me llamen tu hijo". Sin embargo, su padre dijo a los sirvientes: "¡Rápido! Traigan la mejor túnica que haya en la casa y vístanlo. Consíganle un anillo para su dedo y sandalias para sus pies. Maten el ternero que hemos engordado. ¡Tenemos que celebrar con un banquete, porque este hijo mío estaba muerto y ahora ha vuelto a la vida! Estaba perdido y ahora ha sido encontrado". Entonces comenzó la fiesta.
>
> — LUCAS 15:20-24

PREGUNTAS DE REFLEXIÓN

1. ¿Qué "hojas de higuera" has usado para ocultar tu vergüenza, y cómo cambia la cobertura de Jesús tu perspectiva sobre ti mismo?

2. ¿Cómo sería vivir diariamente con confianza en la cobertura de Jesús?

———

DÍA VEINTICUATRO

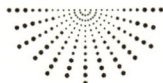

MI AMIGO, NO SIERVO

AMADO, ahora que estás en casa conmigo, hay una verdad profunda que quiero que abraces: te llamo amigo.[1]

No eres uno de mis jornaleros o sirvientes que vienen a trabajar cada día y luego se van. Cuando el hijo pródigo regresó, me suplicó que lo empleara.[2] Pero no podía soportar la idea de que mi hijo viviera como un trabajador en mi casa. Esto es porque el fundamento de nuestra relación es la amistad, no una transacción.

A veces, puedes sentir la tentación de creer la mentira de que nuestra amistad se trata de mantenerme feliz. Pero cuando te miro, no hay presión en mis ojos. Solo veo a mi amigo, a quien amo.

No estoy mirando mi reloj como un supervisor, contando cuánto tiempo has orado o cuánto tiempo has "permanecido" en mi presencia. No golpeo el pie con impaciencia, pensando: ¿dónde están? o ¿por qué no han avanzado más hasta ahora?

La amistad conmigo significa descansar en la verdad de que eres suficiente, tal como eres. Se trata de vivir desde mi sonrisa, no de esforzarte por ganarla. Es compartir tu corazón, sabiendo que me deleito en cada palabra, y permitirme compartir el mío contigo. En nuestra amistad, siempre te protegeré y estaré allí para ti, porque un amigo ama en todo momento.[3]

Amado, nunca olvides que te llamo amigo, no siervo.[4] Te invito a verme como tu amigo también: uno que se deleita en ti, camina contigo y te atesora siempre.

ESCRITURA

El Señor hablaba con Moisés cara a cara, como cuando alguien habla con su amigo. Después Moisés regresaba al campamento, pero su joven asistente Josué, hijo de Nun, permanecía en la carpa de reunión.

— ÉXODO 33:11

No hay un amor más grande que el dar la vida por los amigos. Ustedes son mis amigos si hacen lo que yo les mando. Ya no los llamo esclavos, porque el amo no confía sus asuntos a los esclavos. Ustedes ahora son mis amigos, porque les he contado todo lo que el Padre me dijo.

— JUAN 15:13–15

PREGUNTAS DE REFLEXIÓN

1. Pregunta a Jesús qué piensa de ti como su amigo.

2. ¿De qué maneras puedes cultivar una amistad más profunda y personal con Jesús en tu vida diaria?

———

DÍA VEINTICINCO

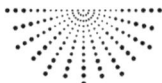

MÁS PRECIOSO QUE CUALQUIER POSESIÓN

AMADO, cuando enseñé sobre el Reino de los Cielos, siempre destaqué lo precioso y valioso que es.

En una parábola, dije que es como un tesoro escondido en un campo, que un hombre encuentra y esconde nuevamente. Luego, con alegría, vende todo lo que tiene para comprar ese campo. En otra, es como un comerciante que busca perlas finas y, al encontrar una de gran valor, vende todo lo que posee para comprarla.[1] Ambas revelan que mi Reino es lo más precioso y hermoso que puedes poseer.

Pero lo que las parábolas no cuentan es cuán precioso eres para mí en mi Reino. Para mí, tú eres el tesoro escondido en el campo y la perla de gran valor. No importa cuán desgastado pienses que estás, siempre has sido precioso a mis ojos.[2] Recuerda, dejé a las noventa y nueve para buscar en el desierto hasta encontrarte.[3]

Y di más que posesiones para tenerte en mi Reino: di mi vida. Soporté la cruz y desprecié su vergüenza porque te amo y sabía la alegría de tenerte de vuelta en mis brazos.[4] Y esa alegría es algo que quiero que experimentes conmigo cada día.

Si alguna vez dudas de lo precioso que eres para mí, mira a la cruz. Allí verás que yo, el más precioso para el Padre, fui entregado para que pudieras ser restaurado a una relación con nosotros. La cruz declara que, a través de mí, vales tanto como Dios mismo.

Amado, tú eres, y siempre serás, infinitamente precioso para mí. Descansa en esta verdad hoy y todos los días.

ESCRITURA

> Pues yo soy el Señor, tu Dios,
> el Santo de Israel, tu Salvador.
> Entregué a Egipto como precio por tu libertad;
> en tu lugar di a Etiopía y a Seba.
> Entregué a otros a cambio de ti,
> cambié la vida de ellos por la tuya
> porque eres muy preciado para mí.
> Recibes honra, y yo te amo.

— ISAÍAS 43:3-4

Por lo tanto, ya que estamos rodeados por una enorme multitud de testigos de la vida de fe, quitémonos todo peso que nos ralentice, especialmente el pecado que tan fácilmente nos hace tropezar. Y corramos con perseverancia la carrera que Dios nos ha puesto por delante. Esto lo hacemos al fijar la mirada en Jesús, el campeón que inicia y perfecciona nuestra fe. Debido al gozo que le esperaba, Jesús soportó la cruz, sin importarle la vergüenza que esta representaba. Ahora está sentado en el lugar de honor, junto al trono de Dios.

— HEBREOS 12:1-2

PREGUNTAS DE REFLEXIÓN

1. ¿Qué revela la cruz acerca de cuánto te valora Dios, incluso en tus momentos más débiles y rotos?

2. ¿Cómo puedes permitir que la verdad de ser precioso para Dios moldee tus interacciones con los demás, especialmente con aquellos en tu entorno que pueden sentirse no amados o poco valorados?

———

DÍA VEINTISÉIS

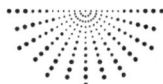

REALEZA

AMADO, creé a Adán y Eva para que co-reinaran sobre la creación conmigo como su Rey. Fueron coronados con gloria y honor como mis hijos reales.[1] Sin embargo, su fracaso para gobernar los llevó al exilio de un jardín próspero a un mundo maldecido con espinas. Al hacerlo, cambiaron su identidad real por una vida marcada por la separación y la lucha.

Y por eso vine: para liberar al mundo de la maldición bajo la que estaba. A diferencia del primer Adán, no cedí a las mentiras de la serpiente, ni siquiera cuando prometían todo.[2] En cambio, permanecí obediente al Padre, incluso hasta la muerte.[3]

En la cruz, intercambié mi corona de gloria por una corona de espinas, cargando con la maldición de la caída mientras el peso del pecado recaía sobre mí.[4] Y al exhalar mi último aliento, experimenté el exilio más profundo: la separación del Padre, en tu lugar.

Hice esto para que pudieras ser reinstaurado a la identidad real para la que la humanidad siempre fue destinada, coronado una vez más con mi amor, gloria y honor.

Ahora que has sido reinstaurado como hijx real del Rey de Reyes, vive una vida digna de esta realidad. Deja que tu realeza se refleje en cómo hablas, sirves y amas a los demás cada día. No importa cuán grande o pequeña sea la oportunidad, entra en cada una llevando mi corona, porque llevas el gobierno del Cielo a la tierra. Cuando haces esto, mi amor, justicia, misericordia y perdón fluirán a este mundo.

Así que, amado, camina con valentía y confianza, sabiendo que toda autoridad me pertenece y que eres mi hijx real, ahora y para siempre.

ESCRITURA

¿qué son los simples mortales para que pienses en
    ellos,
los seres humanos para que de ellos te ocupes?
Sin embargo, los hiciste un poco menor que Dios
y los coronaste de gloria y honor.

— SALMO 8:4–5

Y cuando venga el Gran Pastor, recibirán una corona de gloria y honor eternos. De la misma manera, ustedes, los más jóvenes, deben aceptar la autoridad de los ancianos. Y todos vístanse con humildad en su trato los unos con los otros, porque: «Dios se opone a los orgullosos, pero da gracia a los humildes».

— 1 PEDRO 5:4–5

PREGUNTAS DE REFLEXIÓN

1. ¿Cómo cambia tu forma de vivir cada día el saber que estás coronado con el amor, la gloria y el honor de Jesús?

2. ¿Cuáles son algunas maneras específicas en las que puedes usar tu identidad real para llevar la sanidad, el amor y el perdón de Jesús a tu mundo?

———

DÍA VEINTISIETE

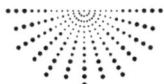

UNA NUEVA CREACIÓN

AMADO, antes de conocerme, estabas sin mi Espíritu y muerto en tus pecados. Pero cuando me aceptaste, mi Espíritu entró en tu vida y te convertiste en una nueva creación.[1]

Fuiste crucificado conmigo y resucitaste conmigo. Ya no vives tú, sino que yo vivo en ti. A través de mi Espíritu, ahora eres "Cristo en mí," ya que tu identidad está fusionada con la mía.[2] Esto significa que estás unido a mí en cada aspecto de tu vida: tus pensamientos, deseos y acciones están siendo moldeados por mi Espíritu.

He quitado tu corazón de piedra y te he dado un corazón nuevo.[3] Has sido declarado justo ante mis ojos, perdonado y hecho santo. Ya no perteneces al reino de las tinieblas, sino que ahora eres ciudadano de mi reino de luz admirable.[4]

A veces te quedarás corto, pero tu identidad no es la de un "pecador." Más bien, eres un santo que todavía falla. Cuando aceptas esta verdad, tu enfoque cambia de cuánto pecas a cuánto puedes recibir y dar amor. Y al enfocarte en el amor, pecarás naturalmente menos. Con el tiempo, te transformaré en la persona que te creé para ser.[5]

Te invito a descansar en esta nueva identidad en lugar de esforzarte por la perfección. Confía en esta nueva realidad de quién eres y permíteme enseñarte cómo vivirla. Puede ser tentador pensar que no has cambiado realmente o que necesitas hacer cosas para asegurarte de que me perteneces. No caigas en estas mentiras. Sé lo que estoy haciendo contigo.

Regocíjate, amado, eres una nueva creación, y nada puede cambiar eso.

ESCRITURA

Así que hemos dejado de evaluar a otros desde el punto de vista humano. En un tiempo pensamos de Cristo sólo desde un punto de vista humano. ¡Qué tan diferente lo conocemos ahora! Esto significa que todo el que pertenece a Cristo se ha convertido en una persona nueva. La vida antigua ha pasado; ¡una nueva vida ha comenzado!

— 2 CORINTIOS 5:16–17

Pues, cuando traté de obedecer la ley, esta me condenó. Así que morí a la ley; dejé de intentar cumplir todas sus exigencias para poder vivir para Dios. Mi antiguo yo ha sido crucificado con Cristo. Ya no vivo yo, sino que Cristo vive en mí. Así que vivo en este cuerpo terrenal confiando en el Hijo de Dios, quien me amó y se entregó a sí mismo por mí. No desecho la gracia de Dios, pero si cumplir la ley pudiera hacernos justos ante Dios, entonces no habría sido necesario que Cristo muriera.

— GÁLATAS 2:19–21

PREGUNTAS DE REFLEXIÓN

1. Reflexiona sobre cómo ha cambiado tu vida desde que te convertiste en una nueva creación en Cristo. Tómate un tiempo para darle gracias por estos cambios.

2. ¿Cómo cambia tu perspectiva el verte como un santo que a veces peca, en lugar de un pecador que intenta convertirse en santo, en la forma en que te relacionas con Jesús y en tu caminar diario con él?

———

DÍA VEINTIOCHO

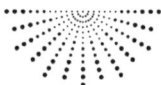

EN PROCESO JUNTOS

AMADO, estás en proceso conmigo. Cada día, te estoy transformando en una persona de amor. Algunas partes de tu corazón han sido cambiadas, mientras que otras aún están en progreso. Este es el proceso de santificación: ser refinado para reflejar mi imagen.

Este proceso requiere tu humildad, confianza y disposición para dar espacio a mi obra. Recuerda, te estoy preparando para reinar conmigo en la eternidad, donde solo existe el amor. Por eso estoy obrando en ti ahora. Puede que aún no estés donde quieres estar, pero sé amable contigo mismo. Estamos avanzando juntos.

Muchos de mis hijos ven su pecado como un montón de desorden que los separa de mí. Olvidan que la cruz ha cerrado cada brecha y que nada puede separarlos de mi amor.[1] No necesitas buscar tus fallas solo; te mostraré en qué podemos trabajar cuando sea el momento adecuado.

Sea lo que sea con lo que estás luchando, amado, estoy a tu lado, y podemos trabajarlo juntos.[2] Incluso en tu peor día, estoy contigo porque nunca te abandonaré ni te dejaré.[3]

Este es un viaje de toda la vida. Así que sé amable contigo mismo, como yo soy amable contigo. No espero el producto terminado; más bien, te pido que confíes en mí en este proceso.

ESCRITURA

Pues el Señor es el Espíritu, y donde está el Espíritu del Señor, allí hay libertad. Así que todos nosotros, a quienes nos ha sido quitado el velo, podemos ver y reflejar la gloria del Señor. El Señor, quien es el Espíritu, nos hace más y más parecidos a él a medida que somos transformados a su gloriosa imagen.

— 2 CORINTIOS 3:17–18

Así que hagan morir las cosas pecaminosas y terrenales que acechan dentro de ustedes. No tengan nada que ver con la inmoralidad sexual, la impureza, las bajas pasiones, los malos deseos y la avaricia, porque esa clase de cosas es idolatría. A causa de esos pecados, viene la furia de Dios. Ustedes solían hacer esas cosas cuando su vida aún formaba parte de este mundo. Pero ahora es el momento de eliminar el enojo, la furia, el comportamiento malicioso, la calumnia y el lenguaje sucio. No se mientan unos a otros, porque ustedes se han despojado de su vieja naturaleza pecaminosa y de todos sus actos perversos. Vístanse con la nueva naturaleza y sean renovados a medida que aprenden a conocer a su Creador y se convierten en semejantes a él.

— COLOSENSES 3:5–10

PREGUNTAS DE REFLEXIÓN

1. ¿Cómo cambia tu perspectiva sobre ti mismo y tu crecimiento el saber que tu vida es un proceso continuo, guiado por Jesús?

2. ¿En qué áreas de tu vida sientes que Jesús está trabajando activamente para transformarte, y cómo puedes abrazar este proceso con humildad y confianza?

———

DÍA VEINTINUEVE

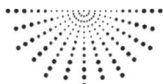

MI APRENDIZ

AMADO, seguirme es una invitación a convertirte en mi aprendiz. Este es un aspecto central de tu identidad: estar conmigo, aprender de mí, para que puedas llegar a ser como yo.[1]

Como mi aprendiz, tu objetivo en cada momento es aprender mi vida y practicarla en la tuya. Este es un proceso continuo de organizar y reorganizar cada aspecto de tu vida y tu corazón alrededor del mío, con mi guía. Y aunque no harás exactamente lo que yo hice, estás aprendiendo a vivir como yo lo haría en tu lugar.[2]

A través del aprendizaje conmigo, también aprenderás a enfrentar tus propias fracturas. Problemas como la ira, la lujuria, la ansiedad y mucho más pueden ser traídos a mí, y yo te guiaré a través de ellos, transformándote en la persona que te creé para ser. Este es el camino angosto porque requiere una rendición y confianza constantes, pero también es el camino que lleva al verdadero gozo y libertad en mí.[3]

Como mi aprendiz, no espero perfección de ti; todavía estás aprendiendo. El fracaso no existe en el aprendizaje, solo oportunidades para crecer. Este es un viaje de toda la vida, y cada paso, por pequeño que sea, te acerca a la plenitud de quien eres en mí.

Así que, amado, ven a mí nuevamente hoy como mi aprendiz y aprende de mí. No puedes fracasar.

ESCRITURA

«Los alumnos no son superiores a su maestro, ni los esclavos son superiores a su amo. Los alumnos deben parecerse a su maestro, y los esclavos deben parecerse a su amo. Y, ya que a mí, el maestro de la casa, me han llamado el príncipe de los demonios, ¡a los miembros de mi casa los llamarán por nombres aún peores!»

— MATEO 10:24-25

¿De qué sirve ganar el mundo entero si uno se pierde o se destruye a sí mismo? Si alguien se avergüenza de mí y de mi mensaje, el Hijo del Hombre se avergonzará de esa persona cuando regrese en su gloria, y en la gloria del Padre y de los santos ángeles.

— LUCAS 9:25-26

PREGUNTAS DE REFLEXIÓN

1. Dallas Willard solía decir: "No hay problema en la vida humana que el aprendizaje con Jesús no pueda resolver." ¿Hay alguna área de tu vida en la que te gustaría ser aprendiz de Jesús?

2. ¿Cómo verías el fracaso sabiendo que eres un aprendiz de Jesús?

———

DÍA TREINTA

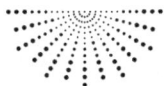

VICTORIOUS IN BATTLE

AMADO, la resurrección declara que soy victoriosx sobre los poderes de este mundo.[1]

Sin embargo, hasta que regrese, estás en medio de una guerra intensa entre mi reino de luz y el reino de las tinieblas. Por eso, debes esperar enfrentar desafíos y oposición. Recuerda: "si a mí me han perseguido, también a ustedes los perseguirán."[2]

A pesar de los desafíos que enfrentas, ya eres victoriosx. Comienzas desde la victoria ganada en el Calvario y la llevas a cada situación a través del amor sacrificial. Por eso te llamo a vencer el mal con el bien, a no pagar mal por mal y a dejar la venganza en mis manos.[3] Este camino no es fácil, pero es el que yo camino contigo. Cuando eliges el amor y confías la justicia a mí, encontrarás la verdadera victoria: paz duradera y libertad de la amargura.

Recuerda ponerte mi armadura diariamente: el cinturón de la verdad, la coraza de justicia, el calzado del evangelio de paz, el escudo de la fe, el casco de la salvación y la espada del Espíritu, que es la Palabra de Dios.[4] Mantente firmx y permanece en constante oración, buscando la ayuda del cielo en cada situación.

No temas, porque te he equipado para la batalla. No importa cuán oscuras parezcan las circunstancias, hay esperanza – porque ni siquiera la muerte pudo detenerme. Mis ojos de fuego, llenos de amor, justicia y poder, ven la victoria, incluso en los tiempos más oscuros.[5]

Persevera, amado, porque eres victoriosx.

ESCRITURA

Una palabra final: sean fuertes en el Señor y en su gran poder. Pónganse toda la armadura de Dios para poder mantenerse firmes contra todas las estrategias del diablo. Pues no luchamos contra enemigos de carne y hueso, sino contra gobernadores malignos y autoridades del mundo invisible, contra fuerzas poderosas de este mundo tenebroso y contra espíritus malignos de los lugares celestiales.

— EFESIOS 6:10–12

Pues Dios no nos ha dado un espíritu de temor y timidez, sino de poder, amor y autodisciplina. Así que nunca te avergüences de contarles a otros acerca de nuestro Señor. Y no te avergüences de mí, aunque estoy en prisión por él. Con las fuerzas que Dios te da, prepárate para sufrir conmigo a causa de la buena noticia. Pues Dios nos salvó y nos llamó para vivir una vida santa. Él hizo esto, no porque lo mereciéramos, sino porque ese era su plan desde antes del principio de los tiempos: mostrarnos su gracia por medio de Cristo Jesús.

— 2 TIMOTEO 1:7–9

PREGUNTAS DE REFLEXIÓN

1. ¿En qué áreas de tu vida necesitas que se te recuerde que estás comenzando desde un lugar de victoria gracias a la cruz, incluso frente a la oposición?

2. ¿Cómo puedes "ponerte la armadura de Dios" activamente en tu vida diaria para mantenerte firme en las batallas espirituales que puedas estar enfrentando?

———

POSDATA

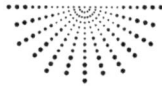

EL CAMINO CONTINÚA

AL LLEGAR al final de este viaje de 30 días a través de *Pensamientos Preciosos,* mi esperanza es que te hayas sentido profundamente conocido, amado y transformado por estas palabras. Cada día ha sido una invitación para encontrarte con Jesús, no solo como tu salvador, sino como aquel que anhela que lo conozcas verdaderamente – su corazón, su amor, su poder y su profundo deseo de tener una relación contigo.

Las verdades que has explorado – tanto sobre quién es Jesús como sobre lo que él dice de ti – no están limitadas a las páginas de este libro. Espero que estas devociones hayan sido un punto de partida para ti, inspirándote a buscar en las Escrituras y aprender más sobre quién se ha revelado Dios a través de Jesús y quién eres tú a la luz de él. Hay muchos más pensamientos preciosos por descubrir mientras continúas tu propio camino con él.

Que sigas descansando en su amor, confiando en su guía y caminando con confianza en la verdad de quién eres en él, ya sea que apenas estés comenzando o que lleves muchos años caminando con él. Dondequiera que estés en este camino, recuerda que Jesús se deleita en caminar contigo cada día.

Te dejo con un poema que escribió una querida amiga:

La arena se hunde y se mueve bajo mis pies,
mientras estoy de pie en la orilla.
Y pienso en los miles de millones de granos
que me sostienen.
La arena que surge y se hincha
contra los nadadores
mientras navegan las olas.
Los millones que son recogidos y presionados
en castillos desmoronados
por las manos torpes de mis hijos.
Y luego pienso en los trillones
allá en lo profundo,
en todos los espacios invisibles
entre mí y el horizonte.
Y me maravillo de tus pensamientos sobre mí –
y de cómo has tenido una eternidad para
pensarlos.

— ABBIE HERRING

Explora la hermosa poesía de Abbie en Instagram:
@abbieherring_poetry

INVITACIÓN

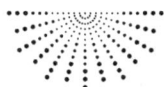

Sı HAS LEÍDO este libro y terminas deseando tener una relación con el Dios que piensa estas cosas sobre ti, debes saber que es posible. El hermoso y transformador mensaje del Evangelio es que Jesús ahora es el Rey del mundo, y él te invita a seguirlo. A través de su muerte y resurrección, cuando aceptas a Jesús en tu vida, él te perdona y te hace una nueva creación al poner su Espíritu dentro de ti. Su amor y sus palabras te definirán – no tu pasado, tu pecado ni tu vergüenza.

Pero la invitación de Jesús es más que una renovación personal; él te invita a ser parte de su Reino – a unirte a él en la obra de traer el Cielo a la tierra. Como su seguidor, estás llamado a encarnar su amor, justicia y misericordia en el mundo, ayudando a restaurar lo que ha sido quebrantado. Juntos, trabajamos hacia el día en que todas las cosas serán hechas nuevas, cuando el cielo y la tierra estén completamente unidos bajo su amoroso reinado.

INVITACIÓN

Si este eres tú y estás listo, ora esta oración, y le pertenecerás a él.

Querido Jesús,

Gracias por amarme antes de que el mundo
   comenzara.
Me conocías antes de que yo mismo me conociera,
y siempre has tenido un propósito para mi vida.
Lamento todas las veces que no he estado a la
   altura
de la vida para la cual me creaste –
mi pecado, mis malas decisiones,
el daño que he causado a otros
e incluso las cosas que debí haber hecho
pero no hice.
Me acerco a ti con humildad y me arrepiento.
Te pido tu perdón,
que ofreces libremente en la cruz.
Pon tu Espíritu dentro de mí y hazme nuevo.
Restaura en mí el propósito que siempre has tenido
   para mí.
Eres Señor de señores, Rey de reyes,
y aparte de ti, no puedo hacer nada.
Hoy, te invito a mi vida –
la vida que tú creaste para mí.
Es tuya.
Ayúdame a vivir en tu verdad
desde este día y para siempre.

Hago esta oración en tu poderoso nombre, Jesús.

Amén.

Pero el modo de la fe para hacernos justos ante Dios dice: «No digas en tu corazón: "¿Quién subirá al cielo?" (para hacer bajar a Cristo a la tierra). Ni tampoco digas: "¿Quién descenderá al lugar de los muertos?" (para volver a Cristo de nuevo a la vida)». En realidad, dice: «El mensaje está muy al alcance de la mano, está en tus labios y en tu corazón». Y ese mensaje es el mismo mensaje que nosotros predicamos acerca de la fe: Si declaras abiertamente que Jesús es el Señor y crees en tu corazón que Dios lo levantó de los muertos, serás salvo. Pues es por creer en tu corazón que eres hecho justo a los ojos de Dios y es por declarar abiertamente tu fe que eres salvo. Como nos dicen las Escrituras: «Todo el que confíe en él jamás será avergonzado». No hay diferencia entre los judíos y los gentiles en ese sentido. Ambos tienen al mismo Señor, quien da con generosidad a todos los que lo invocan. Pues «todo el que invoque el nombre del Señor será salvo».

— ROMANOS 10:6–13

¿QUÉ SIGUE?

Si has hecho esta oración, ¡bienvenido a la familia de Dios! Tu camino con Jesús acaba de comenzar, y no tienes que recorrerlo solo. La vida cristiana está diseñada para vivirse en comunidad, donde puedes crecer, ser animado y apoyar a otros.

Conectarte con una iglesia local es un excelente primer paso. Es un lugar donde puedes aprender de la Biblia, profundizar tu relación con Jesús y construir relaciones significativas con otros. Allí encontrarás apoyo en tu fe y oportunidades para servir y amar a quienes te rodean.

Comienza a leer la Biblia, especialmente los Evangelios – Mateo, Marcos, Lucas y Juan – que narran la vida y las enseñanzas de Jesús. Deja que sus palabras moldeen tu comprensión de quién es él y quién eres tú en él.

Recuerda, el camino cristiano es un proceso de crecimiento, y es mejor cuando se comparte con otros. Si no estás seguro de por dónde empezar, comunícate con una iglesia local o un amigo cristiano de confianza que pueda ayudarte a orientarte. Jesús siempre está contigo, y también lo está su familia.

AGRADECIMIENTOS

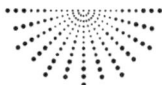

Este libro no habría sido posible sin el amor y el apoyo de mi esposa, Sarah. Ella ha sido mi mayor desafiadora y campeona, siempre animándome a terminar lo que Dios había puesto en mi corazón. También quiero agradecer a Dave, quien abrió mis ojos a verdades fundamentales y me ayudó a creer lo que Dios dice sobre mí, incluso en mis momentos más bajos.

Gracias a una de mis amigas más cercanas, Bec, quien me mostró el amor de Jesús y compartió el Evangelio conmigo. Sin ella, nunca podría haber escrito este libro. Ella también ayudó a inspirar la portada del libro, que su increíble hermana Renee hizo realidad. Puedes ver el trabajo de Renee en Instagram @renstudio_inc.

Un enorme agradecimiento a Andrew Hannah, cuyo ánimo y apoyo fueron fundamentales para terminar este libro. Su habilidad para mantenerme enfocado ha sido invaluable. También estoy profundamente agradecido con todas las personas que leyeron ciertas devociones a lo largo de los años y me ayudaron en el camino: Bec, Steven Burks, John Van Peursem, Isai, Pola, Abbie, Mitch, Phin y Jaida. ¡Gracias a todos!

Finalmente, quiero agradecer a Jesús. Tú eres la persona más hermosa, bondadosa y amorosa, y has transformado completamente mi vida. Espero con ansias el día en que me abraces en la eternidad. Hasta entonces, seguimos adelante. Oro para que uses este libro para traer gloria a tu nombre y que ayude a otros a conocer cuán precioso eres.

ENDNOTES

PREFACIO

1. Lewis, C.S. (2013). *The Weight of Glory: A Collection of Lewis' Most Moving Addresses*. London: William Collins. p.26.

INTRODUCCIÓN

1. Manning, B. (2010). *Patched Together*. David C Cook. p.24.
2. Wenzel, A. (2012). Modification of Core Beliefs in Cognitive Therapy. In: I. Reis de Oliveira, ed., *Standard and Innovative Strategies in Cognitive Behavior Therapy*. Intechopen. p.17.
3. Seamands, D.A. (2015). *Healing for Damaged Emotions*. Colorado Springs, Colorado: David C Cook. p.83.
4. Wenzel, A. (2012). Modification of Core Beliefs in Cognitive Therapy. In: I. Reis de Oliveira, ed., *Standard and Innovative Strategies in Cognitive Behavior Therapy*. Intechopen. pp.17-19.
5. Genesis 3:1-6, John 8:44
6. John 8:31-32
7. Takle, D. (2017). *The Truth About Lies And Lies About Truth: A Fresh New Look At The Cunning Of Evil And The Means For Our Transformation*. High Point, NC: Kingdom Formation Ministries. p.23.
8. Mark 12:30-31

DÍA 1

1. Juan 5:37
2. Éxodo 33:20
3. Colosenses 2:9
4. Mateo 7:21-23
5. Juan 16:13

DÍA 2

1. Génesis 1:1-31
2. Génesis 50:20
3. Romanos 8:28

DÍA 3

1. Lucas 22:42
2. 1 Corintios 13:1-8
3. 1 Corintios 13:7

DÍA 4

1. Juan 19:30

DÍA 5

1. Juan 18:38
2. Juan 14:10
3. Juan 18:37
4. 1 Juan 3:8
5. Juan 8:31-32
6. Salmo 119:105

DÍA 6

1. Colosenses 2:3
2. 1 Pedro 5:7

DÍA 7

1. Mateo 26:53
2. Marcos 10:45
3. 2 Corintios 12:9

DÍA 8

1. Juan 1:18
2. Juan 10:30
3. Isaías 9:6

DÍA 9

1. Marcos 4:39
2. Isaías 9:6
3. Filipenses 4:6-7
4. Juan 14:27
5. Romanos 5:1

DÍA 10

1. Isaías 42:3
2. Génesis 3:15, Isaías 52:14, Lucas 23:44
3. Hebreos 4:15-16
4. Salmos 103:10

DÍA 11

1. Génesis 3:21
2. Éxodo 16:35; Mateo 15:36
3. Salmo 37:25
4. Salmo 46:10, 37:7

DÍA 12

1. 2 Corintios 5:21
2. Isaías 53:5
3. Juan 20:27

DÍA 13

1. Isaías 53:6
2. Mateo 18:12
3. 1 Pedro 5:8
4. Juan 10:13
5. 1 Samuel 17:34-35
6. Isaías 49:16; Juan 10:28
7. Salmo 23:2, Juan 10:10
8. Marcos 15:33
9. Salmo 139:12

DÍA 14

1. Éxodo 12:5-11
2. Éxodo 29:38-42
3. Hebreos 10:4
4. Juan 1:29
5. Juan 5:24
6. Juan 6:53-56
7. Lucas 22:19; 1 Corintios 5:7

DÍA 15

1. Lucas 10:18
2. Apocalipsis 21:4
3. Isaías 11:6-9; 1 Corintios 15:42

DÍA 16

1. Salmo 139:13; Hechos 17:28
2. Salmo 139:16
3. Lewis, C.S. (2013). *The Weight of Glory: A Collection of Lewis' Most Moving Addresses*. London: William Collins. p.46.

DÍA 17

1. Juan 1:12
2. Gálatas 4:6
3. Juan 1:18
4. Mateo 11:26; Lucas 18:16-17
5. Isaías 46:4

DÍA 18

1. Romanos 8:35-39
2. Lynch, J., Thrall, B. and Mcnicol, B. (2016). *The Cure: What If God Isn't Who You Think He Is and Neither Are you?* San Clemente, Ca: Crosssection. p.77

DÍA 19

1. Keller, T. and Keller, K. (2013). *The Meaning of Marriage: Facing the Complexities of Marriage with the Wisdom of God*. New York: Hodder & Stoughton. p.9.
2. John 6:37
3. Psalm 56:8

DÍA 20

1. Génesis 1:31
2. 2 Corintios 3:18

DÍA 21

1. Mateo 3:17; Marcos 1:11; Lucas 3:22
2. Juan 8:29
3. Hebreos 11:6
4. Lucas 10:41-42

DÍA 22

1. Lucas 7:37-38
2. 2 Corintios 5:21
3. Miqueas 7:19; Salmo 103:12
4. Mark 2:5; Luke 7:48; 1 John 2:12
5. Apocalipsis 20:10
6. 2 Corintios 5:19-20

DÍA 23

1. Génesis 3:7-8
2. Génesis 3:21
3. Lucas 19:24
4. Juan 19:17
5. Mateo 27:46
6. Isaías 1:18; Lucas 15:22
7. Lucas 15:22-24

DÍA 24

1. Juan 15:13-15
2. Lucas 15:19
3. Proverbios 17:17
4. Juan 15:16

DÍA 25

1. Mateo 13:44-45
2. Isaías 43:4
3. Mateo 18:12-13
4. Hebreos 12:12

DÍA 26

1. Salmo 8:5
2. Lucas 4:1-13
3. Filipenses 2:7-8
4. Mateo 27:27-29

DÍA 27

1. 2 Corintios 5:17; Gálatas 6:15
2. Gálatas 2:20
3. Ezequiel 36:26-27

ENDNOTES

4. Efesios 2:19; 1 Pedro 2:9; Colosenses 1:13-14
5. 2 Corintios 3:18

DÍA 28

1. Romanos 8:39
2. Romanos 8:23; Lynch, J., Thrall, B. and Mcnicol, B. (2016). *The Cure: What If God Isn't Who You Think He Is and Neither Are you?* San Clemente, Ca: Crosssection. p.33.
3. Hebreos 13:5

DÍA 29

1. Willard, D. (2014). *The Divine Conspiracy Continued: Fulfilling God's Kingdom on Earth.* New York: HarperOne. p.282.
2. *Ibid.*
3. Mateo 7:13-14

DÍA 30

1. Colosenses 2:15
2. Juan 15:20
3. Romanos 12:17-21
4. Efesios 6:10-18
5. Apocalipsis 19:12-15

SOBRE EL AUTOR

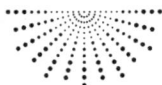

DANIEL FAVRETTI, conocido también como Favs, es un apasionado seguidor de Jesús y un dedicado profesor de Historia Antigua y Estudios Bíblicos. Cuenta con más de 10 años de experiencia en el aula y ha predicado y enseñado en numerosas iglesias alrededor del mundo. A Favs le encanta conectar con las personas y ayudarlas a experimentar el amor que Dios tiene por ellas. Cuando no está enseñando, disfruta compartir buena comida con su familia y amigos, pasar tiempo con su esposa, hijos y dos perros, leer y jugar fútbol... ¡cuando sus rodillas se lo permiten!

www.ingramcontent.com/pod-product-compliance
Lightning Source LLC
Chambersburg PA
CBHW030153070426
42447CB00032B/1025